DOMINANDO INSTAGRAM ADS

BY LOS GENIOS DE INTERNET

JUSTO SERRANO & CÉSAR MIRÓ

¡¡Importante!!

No tienes los derechos de Reproducción o Reventa de este Producto.

Este Ebook tiene © Todos los Derechos Reservados.

Antes de venderlo, publicarlo en parte o en su totalidad, modificarlo o distribuirlo de cualquier forma, te recomiendo que consultes al autor/los autores, es la manera más sencilla de evitarte sorpresas desagradables que a nadie gustan.

Los autores no pueden garantizarte que los resultados obtenidos por ellos mismos al aplicar las técnicas aquí descritas, vayan a ser los tuyos.

Básicamente por dos motivos:

Sólo tú sabes qué porcentaje de implicación aplicarás para implementar lo aprendido (a más implementación, más resultados).

Aunque aplicaras en la misma medida que ellos, tampoco es garantía de obtención de las mismas ganancias, ya que incluso podrías obtener más, dependiendo de tus habilidades para desarrollar nuevas técnicas a partir de las aquí descritas.

Aunque todas las precauciones se han tomado para verificar la exactitud de la información contenida en el presente documento, los autores y el editor no asumen ninguna responsabilidad por cualquier error u omisión.

No se asume responsabilidad por daños que puedan resultar del uso de la información que contiene.

Así pues, buen trabajo y mejores Éxitos.

Título: DOMINANDO INSTAGRAM ADS

Revisión de Estilo: www.losgeniosdeinternet.com

1ª edición

Tabla de contenido

Introducción

Bienvenidos a "Instagram Ads" una formación nueva y muy sencilla de aplicar, diseñada para llevarle de la mano y guiarlo por el proceso para que le saques el máximo provecho a la publicidad de Instagram.

Estamos muy emocionados de tenerlo aquí, y sabemos que esto va a ser muy útil para usted.

Esta formación exclusiva le mostrará paso a paso, tema por tema, y herramienta por herramienta lo que necesita saber para dominar la publicidad en Instagram, de la manera más sencilla posible; el el uso de las herramientas más eficaces en el menor tiempo posible.

Esta formación se compone de 15 capítulos organizados en 4 secciones. Esto es exactamente lo que vas a aprender:

Sección 1: Conceptos básicos de los anuncios de Instagram

En los capítulos 1 a 3, hablaremos de: ¿Qué es Instagram y por qué utilizarlo para su negocio?, ¿Qué son los anuncios de Instagram? y ¿Qué soluciones ofrecen los anuncios de Instagram?

Sección 2: Configurando algunas cosas

En los capítulos 4 a 7, hablaremos de: Lo que debe hacer justo antes de la creación de anuncios de Instagram; la determinación de Facebook e Instagram para hacer publicidad, sugerencias para crear imágenes para los anuncios de Instagram y sugerencias para crear vídeos para los anuncios de Instagram.

Sección 3: Creación de campañas de publicidad - Paso a paso

En los capítulos 8 a 12, hablaremos de: Reforzar sus mensajes, el aumento de la conciencia de marca, el aumento de su alcance, el envío de personas a un destino dentro o fuera Facebook y conseguir instalar las aplicaciones

Sección 4: Consejos adicionales a considerar

En los capítulos 13 a 15, vamos a hablar de: Herramientas de calidad y servicios a tener en cuenta, Casos de estudio impactantes y preguntas frecuentes

Bueno, es el momento para que usted pueda dominar Instagram Ads en nombre de su negocio. Sé que te va a encantar esta formación.

César Miró y Justo Serrano

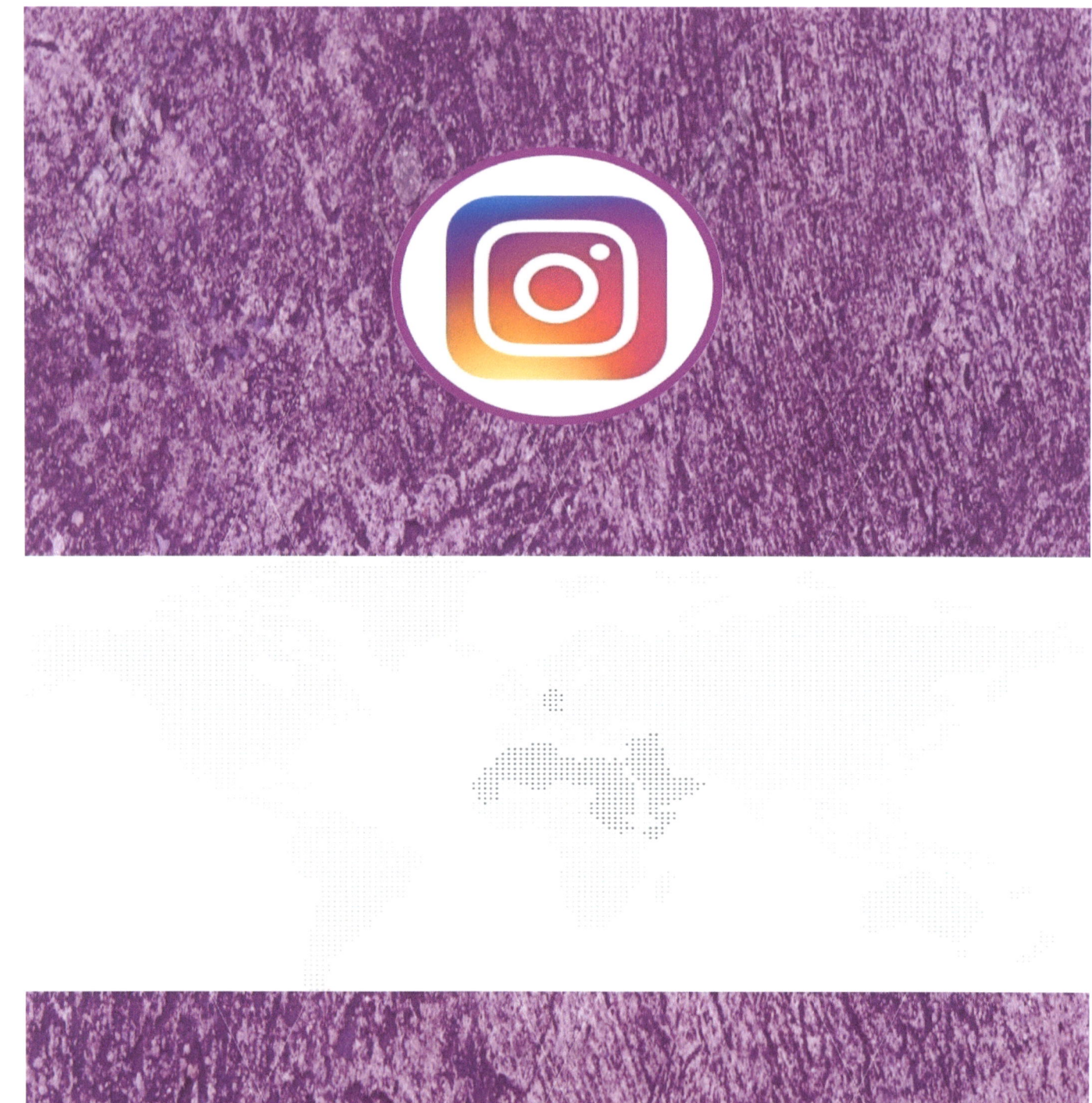

Sección 1:
Conceptos básicos de los anuncios de Instagram

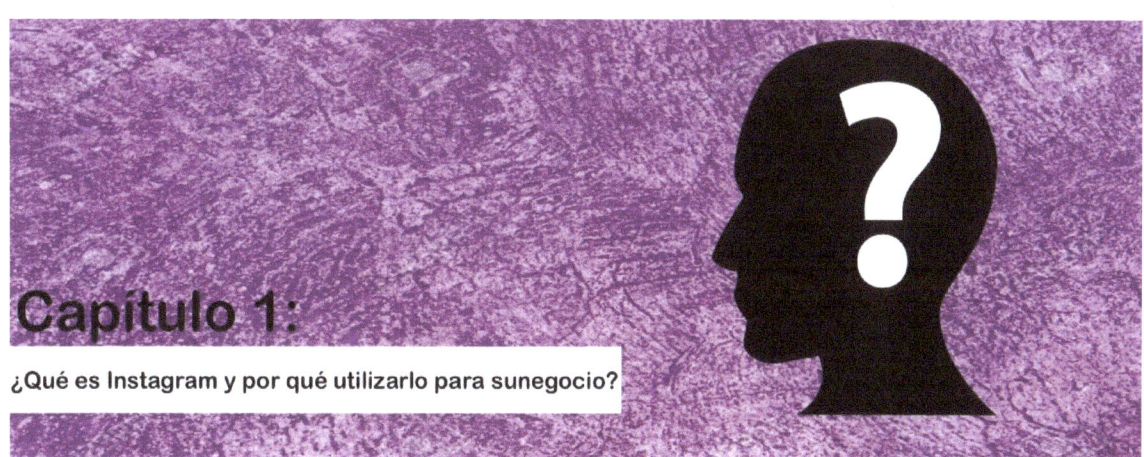

Capítulo 1:

¿Qué es Instagram y por qué utilizarlo para sunegocio?

La mayoría de las empresas de éxito hoy en día están aprovechando las ventajas de las redes sociales como una estrategia de marketing, debido a la creciente popularidad del contenido visual.

El Social media marketing se ha convertido en un activo importante que ayuda a las marcas a crear su presencia en el mercado en línea.

Con las diferentes plataformas de medios sociales existentes, ahora es más fácil comunicarse de manera visual con los clientes, seguidores y aficionados.

Una de las plataformas de medios sociales más populares y ampliamente utilizada en la actualidad es Instagram.

¿Qué es Instagram?

Instagram es una aplicación de red social que está diseñada para compartir videos y fotos con los teléfonos inteligentes y otros dispositivos. Al igual que con

Twitter y Facebook, los usuarios de Instagram también tienen su propia cuenta, con su perfil y suministro de noticias.

La aplicación fue creada por Mike Krieger y Kevin Systrom, y fue lanzado el 10 de octubre de 2010. En el acto se hizo popular y en abril de 2012 eran más de 100 millones de usuarios y más de 300 millones en diciembre de 2014.

Las fotos y los videos publicados por los usuarios en Instagram se muestran automáticamente en sus perfiles. Los usuarios de Instagram pueden seguirse unos a otros y ver los mensajes de cada uno en su sección de noticias. Instagram es en realidad una versión simplificada de Facebook con la única diferencia de que todo su énfasis gira alrededor de compartir solo vídeos y fotos.

Es una aplicación de medios de comunicación social, y por lo tanto es muy fácil de interactuar con otros usuarios de Instagram con sólo seguirlos, dando Me gusta, etiquetando, y comentando sus videos y fotos, así como enviando mensajes privados a ellos.

Beneficios de Instagram para las empresas

El uso de Instagram como una plataforma de medios sociales para su negocio le da un montón de ventajas y oportunidades para generar más ganancias. He aquí un vistazo más de cerca a las principales ventajas de utilizar Instagram para su negocio.

Aumentar la participación del cliente

La mayoría de las veces, los mensajes de marca y las actualizaciones en Twitter y Facebook son pasados por alto por los usuarios. Esto no es cierto para los usuarios de Instagram, porque si su cuenta de Instagram está activa y publica contenido relevante e interesante, obtendrá mayor compromiso de los seguidores (clientes y clientes potenciales)

El último estudio de Instagram revela que su contenido es 58 veces más atractivo en comparación con Facebook, y genera 120 veces más participación que Twitter.

Construir la identidad y la confianza

A medida que su marca se hace más popular en Instagram debido al contenido atractivo que publica, con el tiempo ayuda a su empresa a ganarse la confianza de su público objetivo. Con la naturaleza de la comercialización en línea, Instagram puede ayudar significativamente a construir una conexión emocional con sus clientes.

El uso de Instagram le permite mantener a sus clientes actualizados, de manera casual, con las experiencias cotidianas de su negocio, dando a su empresa un atractivo personal. Las fotos también son útiles para hacer que su negocio sea más confiable y atractivo.

Aumentar el tráfico

Aunque no existen opciones para que usted pueda incluir enlaces a sus publicaciones de Instagram, esto es todavía más poderosa para aumentar el tráfico.

Si usted tiene un alto porcentaje de participación y de tráfico en Twitter y Facebook, mantenga también un perfil fuerte en Instagram para aumentar la visibilidad de su negocio.

Obtener una ventaja competitiva

Hay mucho menor competencia para su negocio en Instagram en comparación con Twitter o Facebook. Las encuestas muestran que sólo el 2% de las empresas a pequeña escala están aprovechando actualmente los beneficios de Instagram.

Esto significa que si usted comienza a usar Instagram activamente hoy en día, puede obtener una ventaja relativa sobre sus competidores. Las empresas que utilizan Instagram como una estrategia de marketing son más propensos a llegar a su público más fácil que en Twitter o Facebook, donde la competencia es mayor.

Llegar a su mercado objetivo más rápido

Si su público objetivo son las personas que han nacido en la década de 1980 hasta la década de 1990 (Generación del Milenio), el 37% de las personas de este grupo de edad están en Instagram.

Si desea alcanzar y conectar con un público por debajo de los 30 años, entonces sin duda necesita tener una cuenta de Instagram para su negocio.

Publicidad gratuita

Sí, has leído bien. La publicidad es totalmente GRATIS en Instagram. Usted no debe perder esta gran oportunidad para promover sus productos o servicios.

Actualizar activamente su perfil de Instagram con su línea de producto o servicio, genera una exposición masiva para su negocio. Le permite mostrar a su público más de las cosas que ofrece.

Con estos importantes beneficios, usted probablemente ya sepa que es una poderosa herramienta para crear contenido visual relevante para su audiencia.

Con el hecho de que casi todas las personas están utilizando teléfonos inteligentes y otros dispositivos, es imposible que su negocio no obtenga más presencia en línea.

Instagram hechos impactantes

¿Sabe usted lo popular que es hoy Instagram? Desde su lanzamiento en 2010, ha ganado drásticamente su propio lugar en el mundo digital. La gente prefiere usarlo porque es más directo, con vídeo en tiempo real y una plataforma para compartir fotos. A continuación se presentan los hechos impactantes sobre Instagram, que a lo mejor desearía conocer.

- Instagram cuenta ahora con 600 millones de usuarios activos
- El 75% de los usuarios de Instagram están fuera de los EE.UU.
- Más del 60% de los usuarios se conectan a diario, lo que la convierte en la segunda red con más comprometidos después de Facebook
- El 30% de los usuarios de Internet están ahora en Instagram
- El 90% de los usuarios de Instagram son menores de 35
- Cuando Instagram introdujo vídeos, más de 5 millones fueron compartidos en 24 horas
- Instagram registra hasta 3,5 mil millones de Me gusta cada día
- La pizza es la comida más popular en Instagram, detrás del sushi y la carne
- En un día promedio se comparten 80 millones de fotos
- El uso de Instagram se ha duplicado en los últimos dos años
- El 48,8% de las marcas están en Instagram. Para el 2017 está previsto que aumente a un 70,7%
- Si sólo nos fijamos en las 100 mejores marcas del mundo, el 90% tiene una cuenta de Instagram
- El 96% de las marcas de moda en Estados Unidos están en Instagram
- Fuera de China, casi el 50% de los usuarios de Instagram, revisan productos en las redes sociales
- El compromiso con las marcas en Instagram es 10 veces mayor que en Facebook, 54 veces mayor que en Pinterest, y 84 veces superior a Twitter
-

- Más de un tercio de los usuarios de Instagram han utilizado su dispositivo móvil para comprar un producto en línea- haciéndolos un 70% más propensos a hacerlo que los no son usuarios

- El 50% de los usuarios de Instagram siguen marcas, por lo que los usuarios de las redes sociales tienen más probabilidades de hacerlo

- Los mensajes que incluyen a otro usuario obtienen un 56% más compromiso

- Los mensajes con al menos un hashtag consiguen 12,6% más de compromiso

- Los mensajes con una ubicación reciben 79% más de participación

- En instagram tiene más compromiso ver fotos que videos.

- La participación promedio por mensaje ha crecido un 416% en comparación con hace dos años

- El 70% de los hashtags más usados son de marca

Hay muchas razones por las que debe comenzar a usar Instagram para su negocio. Con Instagram, ahora puede mejorar su estrategia de marketing mediante la participación de su audiencia con su marca de una manera visual. Aproveche esta oportunidad única de marketing y vea cómo puede ayudar a su negocio a tener éxito.

Capítulo 2:

¿Qué son los anuncios de Instagram?

Los medios de comunicación social desempeñan un papel importante en la vida diaria de millones de personas en todo el mundo. Hay varias aplicaciones en línea que la mayoría de la gente usa comúnmente como una poderosa herramienta de comunicación. Un ejemplo de esto es Instagram.

¿Qué son los anuncios Instagram?

Esta forma de publicidad se comenzó en los Estados Unidos en noviembre de 2013. La mayoría de los entusiastas de negocios están utilizando los Anuncios de Instagram para alcanzar un alto grado de ventas y beneficios para su negocio específico.

Los anuncios de Instagram pueden ser de gran alcance para hacer crecer su negocio si lo usa de una manera eficiente y profesional. Instagram se ha convertido en una de las plataformas de publicidad móvil más grandes del mundo.

Instagram ha sido una de las plataformas sociales más populares en la era digital de hoy, muchas personas prefieren utilizarlo para promover su negocio.

Varios investigadores revelaron que en el Medio Oriente, Instagram ha sido la plataforma social líder en comparación con otros canales de medios sociales. En relación a esto, las personas también utilizan los anuncios de Instagram para sacar el máximo provecho de sus negocios.

Los Anuncios de Instagram, beneficios para las empresas

En un mundo tan competitivo de los negocios, sólo unos pocos permanecen en la cima. Por lo tanto, debe desarrollar una estrategia nueva y más innovadora para alcanzar los objetivos y las misiones de su empresa de la mejor manera y lo más rápido posible.

Puede hacerlo simplemente utilizando los anuncios de Instagram. La herramienta puede servir como una poderosa técnica para ganar más clientes potenciales para sus productos y servicios.

Por mencionar algunos, las siguientes son algunas de las ventajas de utilizar los anuncios de Instagram para su negocio.

Proporcionará diversos formatos de anuncios

Es un hecho que la gente compra los artículos que están bien representados en el público. Basado en esto, con los diferentes formatos de anuncios que Instagram puede ofrecer, usted tendrá la oportunidad de elegir un formato profesional que se adapte perfectamente a los altos estándares de los clientes. Además, puede tener una campaña de promoción atractiva que le puede ayudar a aumentar las ganancias de su negocio.

Alta cantidad de audiencia

Dado que Instagram es una herramienta de comunicación en línea muy potente, ahora es más fácil para usted llegar a una mayor audiencia, que pronto podría ser sus clientes potenciales. Además de esto, usted puede hacer una promoción ilimitada para su negocio casi sin costo alguno.

Lo bueno de esto es que usted puede compartir sus anuncios de Instagram con sus amigos, y ellos pueden servir como sus anunciantes al compartirlo con sus amigos.

Orientación de anuncio competitiva

Mediante la ayuda de los anuncios de Instagram, un anunciante específico puede dirigirse a un público específico basado en la edad, el sexo y la ubicación. Es una estrategia promocional única y más eficiente para obtener un alto nivel de ventas e ingresos en su negocio.

Con sólo un clic en su sitio web, los visitantes pueden ahora experimentar una gran estabilidad financiera sin gastar mucho tiempo y esfuerzo.

Menos competencia

Cuando se elige la publicidad de Instagram, tendrá más posibilidades de ganar para su negocio. Se cree que Facebook tiene casi dos millones de anunciantes que reflejan una competencia muy dura en el mercado.

Por lo tanto, sería un acierto elegir los anuncios de Instagram, pues la competencia es muy limitada.

Usted va a construir una comunidad que regresa de vez en cuando. Estableciendo simplemente un anuncio de Instagram más eficiente y profesional, usted tiene la oportunidad de ganar más clientes regulares que apoyarán sus productos y servicios durante un largo periodo de tiempo.

Como resultado, también se puede construir una sólida reputación en la industria.

Los Anuncios de Instagram. Hechos impactantes

- En 2015, Instagram generó más de $ 595M en ingresos de publicidad móvil
- Para el 2017, los ingresos por publicidad móvil global de Instagram llegará a $ 2.8 billónes

- Instagram será la próxima gran cosa para el éxito de su negocio. Los estudios científicos demuestran que los anuncios de Instagram será la próxima fiebre del oro en los próximos 6 a 12 meses. La mayoría de los analistas de negocios dicen que los anuncios de Instagram son más eficientes y más rentables y menos saturados en comparación con los anuncios de Facebook.

-

- Se dice que el 61% de los usuarios de Instagram dan Me gusta 1 vez al día y más de 30% dan Me gusta más de 10 veces al día. Con este hecho numérico, el anunciante puede ahora tener la oportunidad de llegar a más clientes potenciales en poco tiempo. Además, más gente será consciente de sus productos específicos y automáticamente le ayudará a hacer crecer su negocio..

- Sus publicaciones de anuncios de Instagram pueden obtener 308% más de participación en comparación con Facebook y 1313% más que en Twitter. Esto demuestra que los anuncios de Instagram pueden ser la herramienta más eficaz para la promoción cuando se trata de alcanzar los objetivos de su negocio.

- Las estadísticas muestran que el promedio en Instagram consigue compromiso 2,12%, que es 308% superior a los de páginas de (0,52%) de Facebook, y 1.313% mayor que los seguidores totales (0,15%) que se acoplan con el promedio del tweet.

- Según los estudios, Instagram es cada vez más la red social para las personas menores de 35 años Con este hecho, los anuncios de Instagram pueden alcanzar un alto nivel de clientes potenciales de todas las edades. Se cree que alrededor del 90% de los usuarios de Instagram están por debajo de los 35. Las estadísticas muestran que el 32% de los adolescentes usan Instagram como su plataforma básica.

¿Quiere alcanzar un alto grado de ventas e ingresos con su negocio? Puede transformar los objetivos y misiones de su empresa con facilidad si se involucra más con los anuncios de Instagram. Averigüe que es posible si lo usa como una poderosa herramienta de negocios.

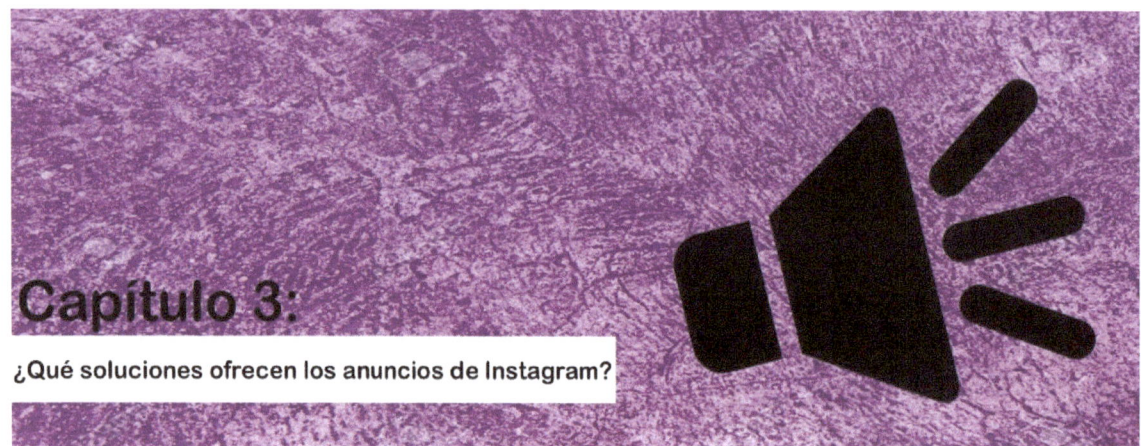

Capítulo 3:

¿Qué soluciones ofrecen los anuncios de Instagram?

¿Está listo para participar con la nueva ola de solución de publicidad en línea? Instagram está dando a todos la oportunidad de convertirse en fotógrafos a través de sus características únicas para la edición de fotos.

Muchos dueños de marcas están tomando ventaja de la gran oportunidad para dar a conocer y ofrecer a sus clientes sus productos y servicios.

No importa si usted tiene una empresa pequeña o grande, la publicidad global en Instagram es ahora posible. Por lo tanto, puede compartir su historia con un público muy comprometido a través de un ambiente artístico y profunda y así obtener una respuesta en sus anuncios.

Es el momento para que usted pueda aprovechar un público más amplio con la publicidad más eficaz que le traerá a su negocio que resultados en tiempo real.

A través de esta solución de anuncios, aumenta la conciencia de los usuarios de Instagram con sus productos y servicios. La exposición de su marca ayudará a que su audiencia sea consciente de ella, especialmente si usted tiene una promoción creativa.

Su público estará más interesado si su anuncio tiene un título llamativo y un aspecto atractivo. Como ya sabe, Instagram puede ayudar significativamente a impulsar su estrategia publicitaria convirtiendo su marca en un tema muy buscado en el mundo online.

Formatos de los anuncios de Instagram

Si usted quiere que su marca tenga una gama de soluciones de anuncios, más alta y profunda, entonces Instagram le mostrará de que se trata la gran publicidad.

No limite su creatividad con las fotos, los vídeos y los anuncios para poner en práctica sus ideas y estrategias de publicidad.

Estos tres formatos de anuncio apoyarán todos los resultados deseados, y le dará la oportunidad de aprovechar su presencia en línea, donde todo parece ilimitado.

Anuncios con fotos con inventiva

Ponga de manifiesto su destreza creativa con anuncios con fotos. Deje su alma en sus imágenes y cuente las historias que hay detrás.

Su audiencia estará más interesada en obtener sus productos o servicios si usted pone en su publicación una muestra atractiva,.

Esta es su oportunidad de dar a su marca un nuevo aspecto, e Instagram le ayudará a lograr ese lado inspirador, interesante, atractivo y eficaz.

Anuncios con videos de alta calidad

Si usted quiere que su anuncio sea más atractivo y que llame la atención, los anuncios de vídeo son una buena manera. Con una calidad similar a la de los anuncios con foto, su anuncio a través de video será más atractivo.

Alimente el espíritu de su público con vistas atractivas, sonidos y movimiento de anuncios de video, donde puede compartir hasta 60 segundos de vídeo en un formato horizontal.

Los videos son ahora uno de los ingredientes más importantes para crear exitosos anuncios promocionales.

Eficientes anuncios en carrusel

De a sus múltiples anuncios la oportunidad de obtener más tráfico a su sitio web. Los anuncios en carrusel dará son una buena manera de dar a conocer mejor su marca. La participación de la audiencia con sus anuncios será notable, en comparación con los mensajes estáticos.

Los anuncios en carrusel le dará a sus anuncios con fotos un nivel más elevado en la publicidad, ya que los espectadores pueden deslizar hacia la izquierda o hacia la derecha para ver más imágenes.

El botón de llamada a la acción les llevará a su sitio web para aprender más acerca de sus ofertas.

Ahora está claro que Instagram le proporcionará soluciones publicitarias usando fotos y vídeo de una manera agradable, atractiva y eficaz.

Además, Instagram le ayudará a localizar cuáles de sus anuncios se posicionaran mejor, por lo que puede estar seguro de que llegará a su público objetivo.

De esta manera su esfuerzo no será en vano y su anuncio estará en el camino correcto.

Objetivos de la publicidad de Instagram

Por supuesto, cada vez que cree un anuncio, usted está esperando grandes resultados, pero ¿cómo pueden los de anuncios de Instagram ayudarle a alcanzar los resultados esperados?

Es sencillo. A través de los siguientes objetivos, se le garantiza que su marca experimentará un nivel diferente de éxito y de popularidad.

Le mostraremos esos objetivos en donde se puede configurar cada una de las campañas. Esto se hace desde el panel de anuncios de Facebook, pero todas estas campañas se ejecutarán como anuncios de Instagram.

Aumentar sus publicaciones

Con el objetivo de "Participación en la publicación de la página", podrá hacer que más personas vean y participen con sus publicaciones de la página.

Aumente el reconocimiento de marca

Con el objetivo de "reconocimiento de marca", podrá llegar a las personas más propensas a prestar atención a sus anuncios y aumentar el reconocimiento de su marca.

El aumento de su alcance

Con el objetivo "Alcance", usted podrá mostrar su anuncio a un máximo número de personas. Elija este objetivo si desea mostrar su anuncio a una audiencia mayor de acuerdo a su presupuesto.

El envío de personas a un destino dentro o fuera de Facebook

Con el objetivo de "clics en el enlace", usted será capaz de enviar a la gente a la tienda donde pueden comprar su aplicación.

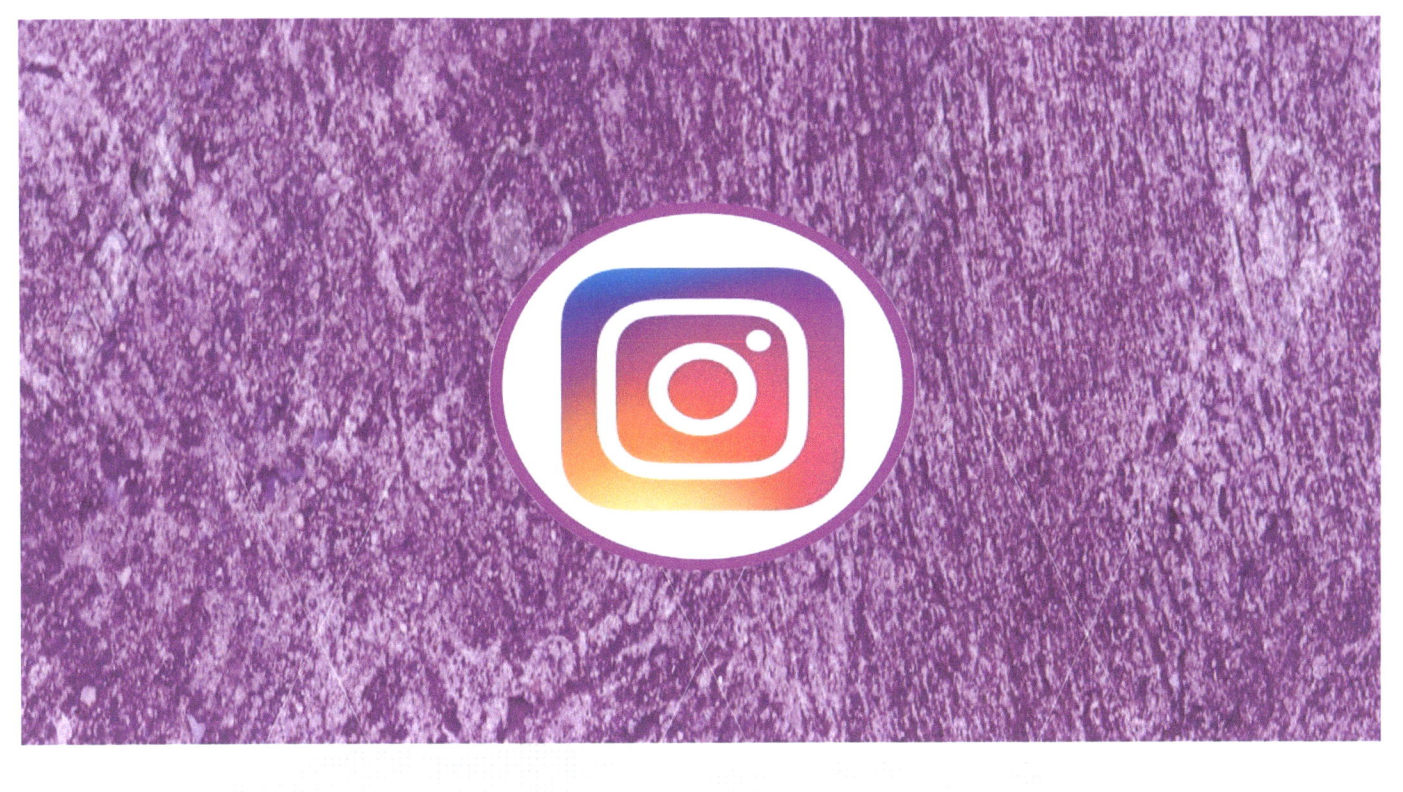

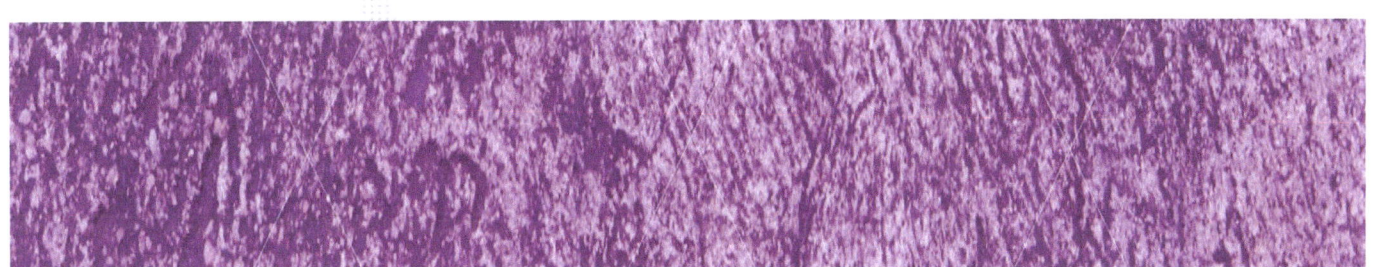

Sección 2:

Configurando algunas cosas

Conseguir instalaciones de la aplicación

Con el objetivo de "instalación de aplicaciones", podrá conseguir que más gente vea y se relacione con sus publicaciones de página.

Obtener reproducciones de vídeo

Con el objetivo de "reproducciones de vídeo" podrá promover videos que muestran presentaciones de productos o testimonios de clientes para crear reconocimiento de su marca.

El aumento de las conversiones en su sitio web

Con el objetivo de "conversiones sitio web", usted será capaz de hacer que la gente tome acciones valiosas en su sitio web, como ver una demo o comprar un producto. Utilice la función de píxel de Facebook para medir y optimizar las conversiones de los anuncios.

La promoción de un catálogo de productos

Con el objetivo de "Ventas del catálogo de productos" podrá crear anuncios que se muestran de forma automática productos de su catálogo a su público objetivo.

Como puede ver, 8 de 14 Objetivos de Publicidad que ofrece Facebook, están optimizados para Instagram, y le mostraremos cómo configurar cada uno de ellos, paso a paso.

Capítulo 4:
Lo que debe hacer justo antes de la creación de anuncios de Instagram

Ahora los anuncios de Instagram están a su alcance.

Las empresas, no importando su tamaño, pueden crear anuncios que pueden llegar a diferentes lugares del mundo. Esta es la oportunidad de ser uno de esos anunciantes y propietarios de negocios que están disfrutando con las campañas de publicidad con la comunidad más popular de los amantes del hashtag.

Sería genial usted eligiera los anuncios de Instagram como su socio de publicidad para hacer crecer su negocio, y pueda aumentar sus resultados esperados para sus anuncios. Por otra parte, será una gran oportunidad para alinear su marca con las grandes marcas en Instagram.

Sabiendo que sus productos o servicios serán uno de los temas candentes en el mundo en línea a través de los anuncios de Instagram le dará la oportunidad de liderar el área de los negocios más competitivos.

Con los anuncios de Instagram, se estará acercando a su público objetivo. Aparte del hecho de que se le garantiza que sus campañas llegarán a la audiencia apropiada, también podrá crear conciencia en línea y local de su marca, lo cual servirá como una oportunidad increíble para realizar sus objetivos de negocio.

Si su negocio está listo para descubrir qué grandes oportunidades de negocio le ofrece los anuncios de Instagram, hay algunas cosas importantes que debería saber.

Antes de crear ningún anuncio de Instagram, es necesario tener un sitio web, imágenes, vídeos, una cuenta de anuncios de Facebook, una cuenta de Instagram, una aplicación móvil, páginas de Facebook y catálogos de productos de Facebook.

Sitio web

Antes de crear los anuncios de Instagram, necesita crear su propio sitio web de negocios que contendrá todos los detalles necesarios acerca de su empresa. En primer lugar, usted tiene que elegir qué plataforma de creación de sitios web va a utilizar.

Puede utilizar www.Bluehost.com para crear el nombre de su dominio. Después de seguir los pasos para crear un nombre de dominio para su sitio, ahora puede configurar, crear el diseño y hacer algunos ajustes a su sitio web.

imágenes

Por supuesto, las imágenes innovadoras y creativas son algunos de los factores importantes que usted necesita para una publicidad exitosa. Tienes que elegir herramientas eficaces de diseño de fotos que le permitirán crear imágenes personalizadas para los anuncios de Instagram.

Una plataforma fácil de usar para editar fotos, es www.canva.com.

vídeos

Instagram es un lugar perfecto para compartir narraciones visuales de diferentes marcas. Para que usted pueda diseñar, filmar y editar vídeos facilmente, es necesario tener una aplicación de vídeo.

PicPlayPost será ideal para usted si va a combinar varios vídeos en un collage y crear contenido estático para sus vídeos con movimiento. Puede usar este sitio www.mixcord.co/partners/picplaypost.html para crear vídeos para los anuncios de su Instagram.

Cuenta de anuncios de Facebook
Un anuncio de Facebook será una plataforma eficaz para aumentar su publicidad, pero tendrá que primero configurar que configurar su cuenta de anuncios de Facebook. Es necesario tener un gestor de páginas de publicidad para gestionar todas las actividades en sus anuncios de Facebook. Usted lo encontrará en www.facebook.com/ads.

La cuenta de Instagram

Para crear una cuenta de Instagram, usted puede utilizar su teléfono inteligente o tableta a través de la aplicación móvil Instagram. Además, puede utilizar otras herramientas para ejecutar una versión de Instagram para Android en tu Mac o PC. Registrese en www.instagram.com con su dirección de correo electrónico o su cuenta de Facebook.

Aplicaciones móviles

Otro factor esencial que debe considerar antes de comenzar los anuncios de Instagram es crear su aplicación para dispositivos móviles.

www.infinitemonkeys.mobi le ofrece sencillos pasos para crear su propia aplicación móvil que será de gran ayuda para crear un mejor medio para ofrecer a los clientes sus productos o servicios.

Una aplicación móvil servirá como la forma más fácil de tener actualizados a los clientes con sus ofertas y les permite mantenerse en contacto con sus anuncios y su página web.

Las páginas de Facebook

Al crear una página en Facebook, va a aumentar su presencia a posibles clientes, aumentar la SEO, disminuir sus gastos de marketing, crear más oportunidades de venta y llegar a su público objetivo.

Todo lo que tiene que hacer es visitar www.facebook.com/pages/create. A continuación, puede empezar a crear más posibilidades para su anuncio en Instagram.

Si usted tiene una gran audiencia o seguidores en su página de Facebook, no hay duda de que puede tener un mejor acceso a una gama más amplia de rentabilidad.

El catálogo de productos de Facebook

Si tiene un catálogo de productos de Facebook, tendrá una lista bien organizada de los productos que desea anunciar.

Cuando la gente ve que tiene un catálogo de productos o servicios que ofrece, será más fácil para ellos para elegir el producto o servicio que desean.

Usted simplemente crea a través www.facebook.com/products con un par de sencillos pasos. Un catálogo de productos es muy importante. Después anunciar su marca en Instagram, usted tendrá algo que su audiencia utilizará para realizar una búsqueda más amplia de sus ofertas.

Por otra parte, el catálogo de productos de Facebook también servirá como una visión más clara de sus productos o descripciones de servicios, por lo que tendrá que hacerlo atractivo y organizado para no confundir a su audiencia.

Antes de decidir el concepto para sus anuncios de Instagram, es ideal que sepa primero las cosas importantes que debe tener una estrategia publicitaria clara y organizada.

Primero tiene que ser consciente que necesita prepararse antes de tomar acción, para asegurarse de que obtiene los resultados deseados.

Los anuncios de Instagram le darán a conocer un nivel más alto de marketing para su negocio y le llevará a una solución del anuncio con los resultados alcanzables.

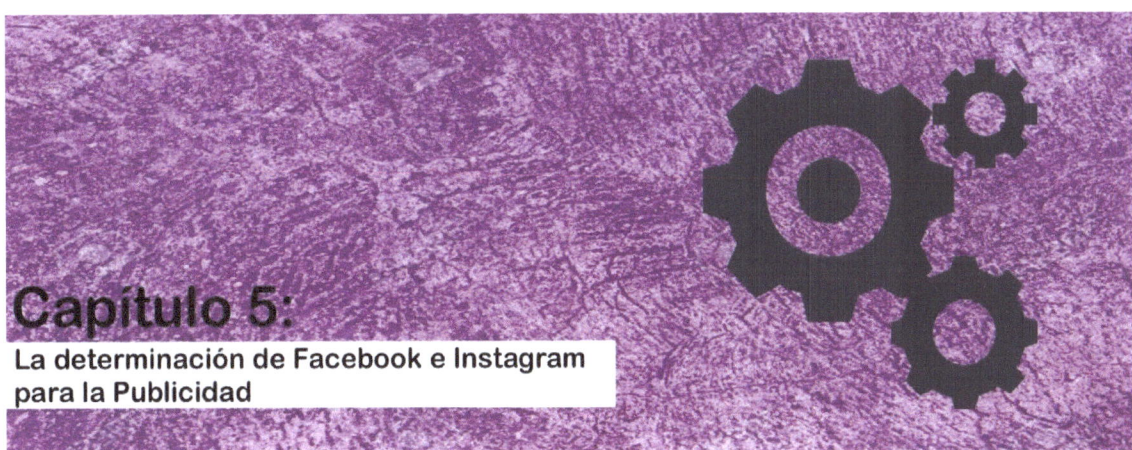

Capítulo 5:
La determinación de Facebook e Instagram
para la Publicidad

Con las grandes innovaciones tecnológicas, una gran cantidad de dueños de negocios aprovechan las ventajas de Facebook e Instagram.

Los medios sociales han sido eficaces en el aumento de la participación, la construcción de la personalidad y la confianza, aumentar el tráfico web, la adquisición una ventaja competitiva y llegar a un mercado objetivo de forma gratuita.

El éxito de la publicidad es uno de los principales objetivos de cualquier empresario.

Cuando se tiene un enfoque de marketing que no es eficaz y eficiente, se puede configurar una cuenta de Facebook e Instagram para publicidad y conseguir resultados excelentes.

Cómo crear una cuenta de Facebook

La creación de una cuenta de Facebook es muy sencillo. En sólo 6 pasos, usted tiene una. Se puede hacer por cuenta propia, sin pedir ayuda a nadie. El proceso no es tan complejo como parece, ya que puede crear su cuenta sin esfuerzo. A continuación se presentan los seis pasos que debe seguir:

- Con el navegador que desee, vaya a www.facebook.com

- Introduzca su nombre, apellidos, número de móvil o correo electrónico y una contraseña.

- Llena la demás información solicitada, tales como cumpleaños y el sexo.

- Haga clic en Crear una cuenta.

- Después se debe confirmar la información que utilizó para crear su cuenta.

- A continuación, sólo tiene que iniciar sesión en su cuenta de Facebook y ya está listo para continuar.

Como empresario, usted debe tener una cuenta de Facebook, para que pueda ser competitivo. Si no tiene una cuenta, siga los pasos y estará listo para ver una gran diferencia en su negocio.

Cómo crear anuncios de Facebook

Si ya tiene una cuenta de Facebook, la siguiente cosa que tiene que hacer es crear su cuenta de anuncios de Facebook. Son herramientas eficaces para proporcionar un mejor retorno de la inversión (ROI). Cree su cuenta siguiendo los pasos detallados a continuación:

- Iniciar sesión en su cuenta de Facebook

- Abra www.facebook.com/ads/manage para ir a la página del Administrador de anuncios.

- Complete la configuración de su cuenta de anuncios y complete la información de su cuenta, notificaciones, y los roles de cuentas.

- Configuración de facturación y métodos de pago. Puede utilizar una tarjeta de crédito o de débito, PayPal, banca en línea o un cupón de Facebook. También puede establecer límites de gasto de la cuenta.

- Empiece a hacer publicidad. Después de eso, se puede comercializar sus productos o servicios, pero asegúrese de proporcionar calidad.

Cómo crear una cuenta de Instagram

Instagram es una aplicación móvil, pero se pueden crear desde el sitio web.

- Vaya a Instagram.com
- Puede iniciar sesión con su cuenta de Facebook, o crear una nueva cuenta proporcionando su número de móvil o correo electrónico, nombre completo, un nombre de usuario y una contraseña.

- Si ya tiene una cuenta de Instagram, puede iniciar sesión y aprender cómo puede utilizar su cuenta.

Cómo conectar una cuenta de Instagram con una página de Facebook

Para conectar su cuenta de Instagram con su página de Facebook, siga los pasos a continuación.

- Abra su página de Facebook e inicia sesión
- En la esquina superior derecha de la página, es necesario hacer clic en Configuración
- En la barra lateral izquierda, elija anuncios de Instagram

- Haga clic en Agregar una cuenta para conectar su cuenta de Instagram con su cuenta de Facebook.

- Se puede añadir una cuenta de Instagram existente o crear una nueva

Mediante la integración de las redes sociales como Facebook e Instagram en su negocio, se puede presenciar el éxito inesperado de tráfico del sitio web, el número de clientes potenciales y un gran retorno de la inversión (ROI).

Configure las cuentas de Facebook e Instagram ahora, antes de dar a sus competidores la oportunidad de abrir ellos el camino.

Capítulo 6:
Consejos para crear imágenes para los anuncios de Instagram

Si usted es parte del mundo de los negocios, es necesario tener técnicas de publicidad eficaz y flexible.

Si usted es un novato o un empresario experimentado, tiene que estar equipado con estrategias eficientes para comercializar sus productos o servicios.

Los medios sociales como Instagram es una de las soluciones de marketing más perfecta. Recuerde, usar las mejores imágenes es altamente imperativo.

A continuación se presentan algunos consejos que le ayudarán a decidir sobre localidad de las imágenes para sus anuncios de Instagram.

No comprometa la calidad

La publicidad de los servicios de su negocio en Instagram puede conducir al éxito. Sin embargo, asegúrese de que utiliza imágenes de excelente calidad, en todo momento para impresionar y atraer a su público objetivo.

Si usted no sabe cómo integrar la calidad de la fotografía en su anuncio, hay proveedores que puede hacer el trabajo por usted.

Por lo tanto, utilice imágenes espectaculares para aprovechar el sitio de redes sociales a su favor.

Utilice imágenes de gran alcance para transmitir el mensaje de su anuncio

Además de la calidad, usted debe emplear fotografías de gran alcance con el fin de expresar su mensaje. Dado que muchas personas no tienen tiempo suficiente para leer textos, las imágenes poderosas podrían ser de gran ayuda.

Una vez que sea capaz de hacer esto, nunca tendrá dificultad para hacer crecer el tráfico del sitio web. De esta forma puede dar también una experiencia cómoda a sus futuros clientes.

Incluya a sus clientes deseados

Las Imágenes ofrecen una serie de beneficios. Uno de ellos es que se pueden utilizar para mostrar de manera efectiva a su público objetivo.

Cuando sus clientes preferidos son la generación del milenio, usted tiene que tener cuidado al hacer su elección.

Nunca use una fotografía con individuos de mediana edad como su meta. Usted tiene que ser específico en su imagen, por lo que no se confundan sus clientes.

Anuncios con foto

Cuenta tu historia a través de un espacio nítido, sencillo y elegante. El formato de las fotos puede ser cuadrado u horizontal.

Crear el tuyo

Proporcionar anuncios que transmiten emociones fuertes

Como dueño de un negocio, usted tiene que proporcionar anuncios de Instagram que sean convincentes, no sólo a la mente de las personas, sino también a los corazones de las personas. Como resultado, verá muchos cambios positivos en su negocio.

También los hará darse cuenta de que usted tiene los servicios que pueden conducir a una inversión que vale la pena. Si usted ha estado intentando todo para crear imágenes sin resultados sorprendentes, sea paciente y haga planes.

Sin duda, todos sus esfuerzos y sacrificios serán valiosos y eficaces.

Optimice el SEO de sus imágenes

Para ello, hay que pensar en términos de búsqueda y famosos hashtags. Como resultado, sus anuncios de Instagram tendrán mejores resultados en los motores de búsqueda que garanticen el tráfico web y más clientes potenciales.

A pesar de que no sea un experto, puede tener éxito, siempre y cuando sea optimista y firme.

Como dueño de un negocio, usted debe agarrar el éxito que los anuncios de Instagram pueden dar. No obstante, hay que emplear imágenes de calidad para crear un impacto en su audiencia.

También deben evocar emociones de persuadir a ellos en consecuencia. A pesar de que puede ser difícil para crear fotografías eficaces, se puede lograr con tiempo y paciencia.

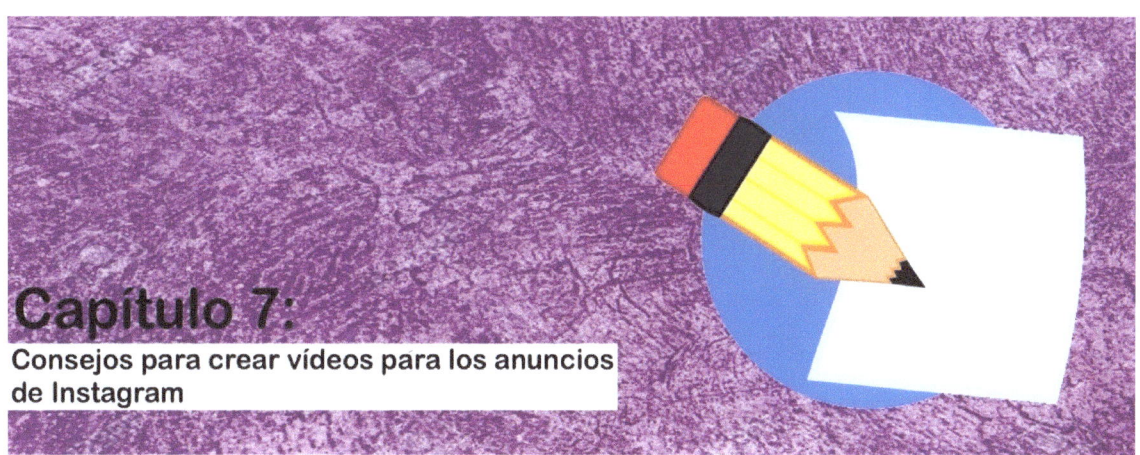

Capítulo 7:
Consejos para crear vídeos para los anuncios de Instagram

En la generación digital de hoy, la competencia es cada vez más difícil en el mundo de los negocios. Esto significa que usted debe desarrollar un plan de acción bien diseñado para mantenerse por delante de la competencia.

La mejor forma de mantenerse es a través de publicidad con los anuncios de Instagram que pueden ayudar a hacer crecer su negocio.

Un video es un ingrediente esencial para tener éxito con los anuncios de Instagram. El video desempeña un papel importante para convencer a los clientes potenciales para que compren sus productos o servicios.

Por otro lado, a pesar de que los anuncios de Instagram sólo se muestran por unos segundos, lo que realmente puede captar la atención de la gente, es sobre todo la buena calidad.

Es importante que tenga en cuenta estas ideas útiles sobre cómo crear un vídeo eficaz para sus anuncios de Instagram.

Éstos son algunos de los consejos útiles sobre cómo hacer un video para los anuncios de Instagram pegadizo y profesional.

Elija la mejor relación de aspecto (Spoiler 1: 1).

El aumento de vídeos Instagram comenzó en 2013. Durante esos tiempos, los videoclips se limitaron a 15 segundos de duración y sólo muestran en 16: 9 (1920x1080) o 1: 1 (1080x 1080).

Para hacer videos para sus anuncios de Instagram, se debe hacer un esfuerzo para llegar a la mayor espacio posible. Además de esto, si se quiere tener una gran y mayor presencia en el teléfono móvil del usuario, se puede hacer uso de la proporción de 1: 1.

Se puede recortar partes del borde del marco, pero la proporción de 1: 1 se reproducirá más grande en los dispositivos móviles. Esta es una manera muy útil para que pueda llamar la atención de los usuarios que se desplazan rápidamente en su pantalla.

Debe pensar en la cosecha cuando se elige el videoclips

Instagram fue diseñado para los teléfonos móviles, los anunciantes ahora tienen la oportunidad de elegir la parte que se va a recortar. La mayoría de los anunciantes optan por utilizar material filmado por las cámaras de vídeo profesionales.

Lo bueno de esto es que el video que incluirá en sus anuncios de Instagram ahora puede verse más nítido y pueden manipularse más fácilmente durante el proceso de edición.

Cuando está haciendo anuncios 1: 1, debe tener en cuenta los detalles del marco que desea mostrar. Cuando se utiliza el material de archivo de 1920x1080, puede recortar el clip.

Anuncios con vídeo

Los anuncios con video ofrecen la misma experiencia visual envolvente que los anuncios con foto de Instagram, con el poder añadido de las imágenes, el sonido y el movimiento. Además, ahora puedes compartir videos de hasta 60 segundos de duración en formato horizontal o cuadrado.

Crear el tuyo

Además de esto, también debe asegurarse de que las cosas que desea incluir en el video encajen en el marco de un 1080x1080. Un gran consejo para hacer el video para el anuncio de Instagram, es que es necesario tener suficiente espacio para el cortar.

Utilice texto grande y legible

Piense en su anuncio de Instagram como una valla publicitaria. Sólo se puede llamar la atención de sus clientes potenciales si se incluye un texto grande y claro en su anuncio de Instagram.

Con las sugerencias mencionadas de vídeo, se puede crear un anuncio de Instagram muy productivo.

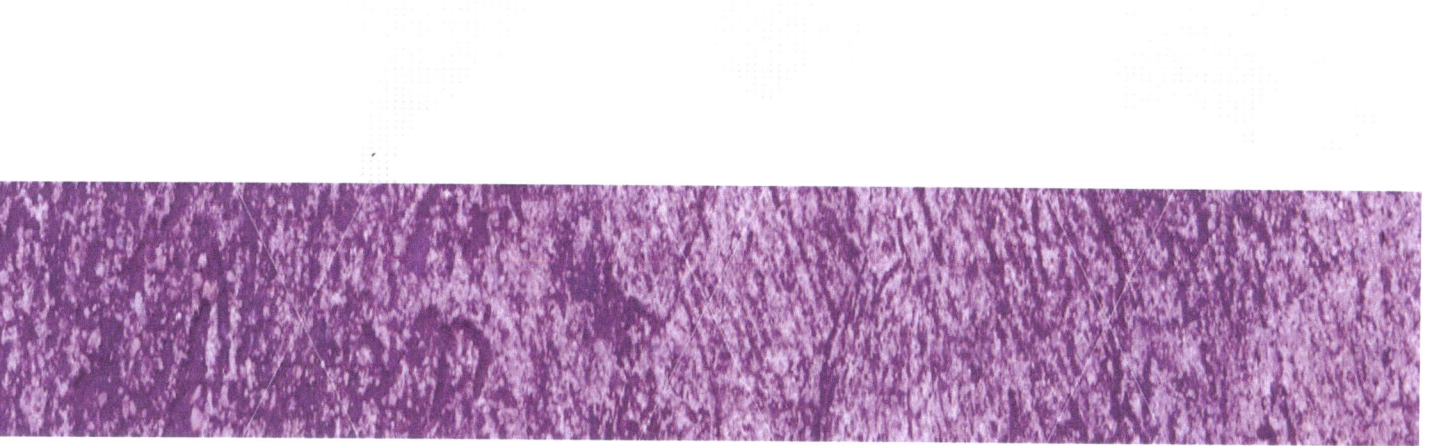

Sección 3:
Creación de campañas de publicidad
Paso a paso

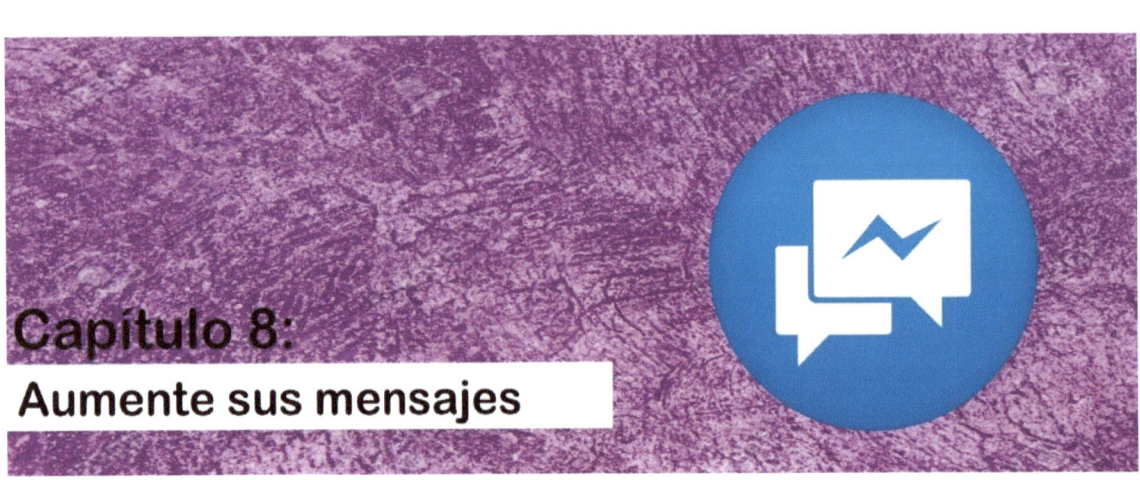

Capítulo 8:
Aumente sus mensajes

En primer lugar, vaya a www.facebook.com/ads/manager/creation

En el Reconocimiento de marca, haga clic en "aumentar sus mensajes". Con este objetivo, obtendrá más personas a ver y participar con su publicación o página, que en este caso es su cuenta de Instagram. El compromiso puede incluir comentarios, acciones, Me gusta, las respuestas de eventos, y reclamaciones de ofertas.

De a su campaña un nombre y haga clic en "continuar".

En el conjunto de anuncios, usted tiene que definir su público, ubicaciones, presupuesto y calendario.

El público es quien desea dirigirse a ver sus anuncios. Utilice un público creado ocn anterioridad, o si no lo tiene, crea un nuevo público.

Añadir las ubicaciones. Puede seleccionar entre "todos en esta ubicación", las personas que viven en este lugar, la gente recientemente en esta ubicación o personas que viajan en esta ubicación. Añadir su edad, el sexo y los idiomas.

Utilice la segmentación detallada para incluir o excluir a las personas de esta audiencia. Utilice las conexiones si desea agregar diferentes tipos de conexión; esto puede ser las páginas de Facebook, aplicaciones y eventos.

Las ubicaciones es donde se elige el lugar donde se muestra su anuncio. Haga clic en "Editar ubicaciones" en las plataformas y seleccionar sólo Instagram. En Opciones avanzadas, puede especificar dispositivos móviles y sistemas operativos.

En presupuesto y el calendario, definir cuánto desea gastar, y cuando desea que aparezcan sus anuncios.

En el presupuesto, seleccionar si desea utilizar un presupuesto diario o un presupuesto de ilimitado y la cantidad. En Calendario, seleccione si va a poner su anuncio continuadamente a partir de hoy, o definir una fecha de inicio y finalización.

Haga clic en "mostrar opciones avanzadas" y personaliza la optimización de anuncios. Seleccione Optimización para la entrega de anuncios, importe de puja, , impresiones o alcance única diaria. También, editar la cantidad de la oferta, cuándo se te factura, la programación de anuncios y el tipo de entrega.

A la derecha, verá la definición audiencia y alcance diaria estimada. Una vez que haya terminado haga clic en "continuar".

Ahora, usted tiene que crear su anuncio. Seleccione de los medios de comunicación, texto o enlaces para crear uno o varios anuncios.

Para formato, tiene 4 opciones: Anuncio por secuencia, una sola imagen, un solo vídeo, presentación de diapositivas, y de canvas. Lea la descripción de cada uno y utiliza lo que quiere.

Voy a elegir "Una sola imagen". Se pueden crear hasta 6 anuncios a la vez por la posibilidad de subir varias imágenes utilizando las especificaciones recomendadas de imagen.

También puede agregar una cuenta de Instagram si lo desea, pero no es necesario con el fin de ejecutar el anuncio de Instagram. Se puede conectar una página de Facebook para representar a la publicidad patrocinada en su lugar.

También puede publicar un texto relacionado con su anuncio.

A su derecha, verá la vista previa de anuncios.

Por último, haga clic en "Realizar pedido".

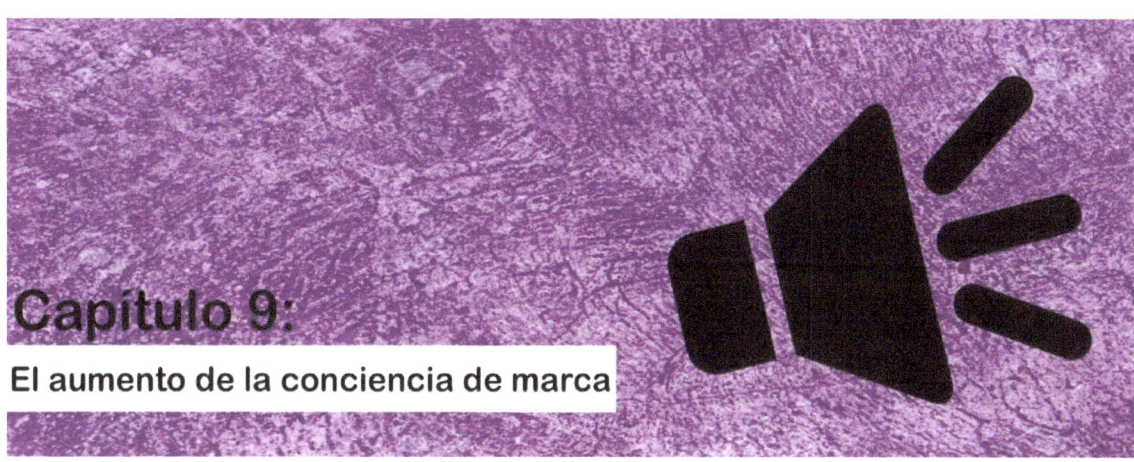

Capítulo 9:

El aumento de la conciencia de marca

En primer lugar, vaya a www.facebook.com/ads/manager/creation

En la lista de Reconocimiento, haga clic en "Reconocimiento de marca". Con este objetivo, se llega a la gente más propensos a prestar atención a sus anuncios y aumentar el reconocimiento de su marca. De a su campaña un nombre y haga clic en "continuar"

Reconocimiento de marca

Llega a las personas con más probabilidades de prestar atención a tus anuncios para aumentar la notoriedad de la marca.

Nombre de la campaña   Reconocimiento de marca

Continuar

En el conjunto de anuncios, tendrá que definir su público, presupuesto y calendario.

En primer lugar está su público, vamos a utilizar un público guardado, esta vez.

En Ubicaciones, elija dónde se mostrará su anuncio y haga clic en "editar la ubicación". En plataformas, seleccione Instagram. En Opciones avanzadas, puede especificar Dispositivos móviles y sistemas operativos.

En el presupuesto y calendario, defina cuánto desea gastar, y cuando desea que aparezcan sus anuncios.

Seleccione presupuesto, presupuesto diario, o presupuesto del conjunto de anuncios y defina la cantidad de este presupuesto.

En programación, seleccione si desea publicar su anuncio de forma continuada o desea establecer una fecha de inicio y fin.

Haga clic en "mostrar opciones avanzadas" y personalizar la optimización de la publicación de anuncios. Elija entre la Reconocimiento de marca o alcance. Editar su cantidad de la oferta, cuándo se te factura, la programación de anuncios y el tipo de entrega.

A la derecha, verá la definición audiencia y alcance diario estimado. Una vez que termine, dará su anuncio establece un nombre y haga clic en "continuar"

El último paso es la creación de su anuncio.

Para formato, tiene 5 opciones: Anuncio por secuencia, una sola imagen, un solo vídeo, presentación de diapositivas, y de canvas. Lea la descripción de cada uno y elija la opción que prefiera.

Vamos a elegir "sola imagen". Con esta opción, puede crear hasta 6 anuncios con una imagen, cada uno sin cargo adicional.

Según lo dicho anteriormente, también se puede agregar una cuenta de Instagram si lo desea, pero no es necesario con el fin de publicar el anuncio de Instagram. Se puede conectar una página de Facebook para representar a su publicidad patrocinada en su lugar.

Aquí también se puede publicar un texto relacionado con su anuncio. Y una URL del sitio web.

Haga clic en "Mostrar opciones avanzadas" si es necesario, y ver el píxel de seguimiento y Opciones de seguimiento fuera de línea.

A su derecha, verá la vista previa de anuncios. Por último, haga clic en "Realizar pedido".

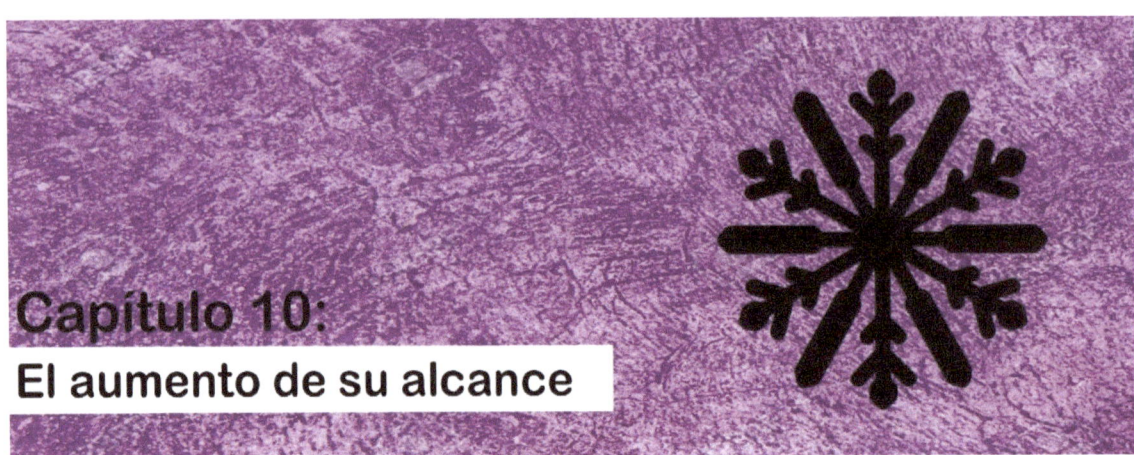

Capítulo 10:
El aumento de su alcance

En primer lugar, vaya a www.facebook.com/ads/manager/creation

En la lista de Reconocimiento, haga clic en "Alcance". Con este objetivo, se le mostrará su anuncio a la mayor cantidad posible de personas. De a su campaña un nombre y haga clic en "continuar".

Alcance

Muestra tu anuncio al mayor número de personas.

Nombre de la campaña   Alcance

Continuar

En el conjunto de anuncios, usted tiene que definir su público, ubicaciones, presupuesto y calendario.

En primer lugar, elija la página de Facebook que desea promover.

A continuación, definir quién quiere ver sus anuncios.

En lugares, elija dónde se mostrará su anuncio. Haga clic en "Editar ubicación". En plataformas, seleccione Instagram. En Opciones avanzadas, puede especificar Dispositivos móviles y sistemas operativos.

En presupuesto y el calendario, usted tiene que definir cuánto desea gastar, y cuando desea que aparezcan sus anuncios.

En el presupuesto, seleccione el presupuesto diario o el presupuesto de ilimitado, y la cantidad de presupuesto. En programación, seleccione si va a publicar su anuncio continuadamente o definir una fecha de inicio y de finalización.

Personaliza la optimización para la entrega de anuncios: elija entre alcance o impresiones. Además, añade el límite de frecuencia, edita el importe de puja, cuándo se te factura, la programación de anuncios y el tipo de entrega

A la derecha, se puede ver la definición y el alcance de la audiencia diaria estimada. Una vez que haya terminado establece un nombre, haga clic en "continuar"

El tercer paso es la creación de su anuncio. Aquí seleccione los medios de comunicación, texto y enlaces para crear uno o varios anuncios.

Para formato, tiene 5 opciones: Anuncio por secuencia, una sola imagen, un solo vídeo, presentación de diapositivas, y canvas, lea la descripción de cada uno y elija la opción que más prefiera.

Vamos a elegir "Anuncio por secuencial" en esta ocasión. Con esta opción, puede crear un anuncio con dos o más imágenes deslizables o videos.

Añade texto a su anuncio y editar sus tarjetas mediante la adición de vídeos o imágenes con las especificaciones recomendadas. En sus tarjetas, usted tiene la opción de añadir títulos, descripciones y una URL de destino.

Añade un botón con un llamado a la acción, esa será la diferencia que necesita para llegar a más gente, así que no se olvide.

Haga clic en "Mostrar opciones avanzadas" y verá los parámetros URL, Realizar un seguimiento de todas las conversiones con mi pixel de facebook y No realizar un seguimiento de las conversiones.
A su derecha, verá la vista previa de anuncios.

Por último, haga clic en "Realizar pedido".

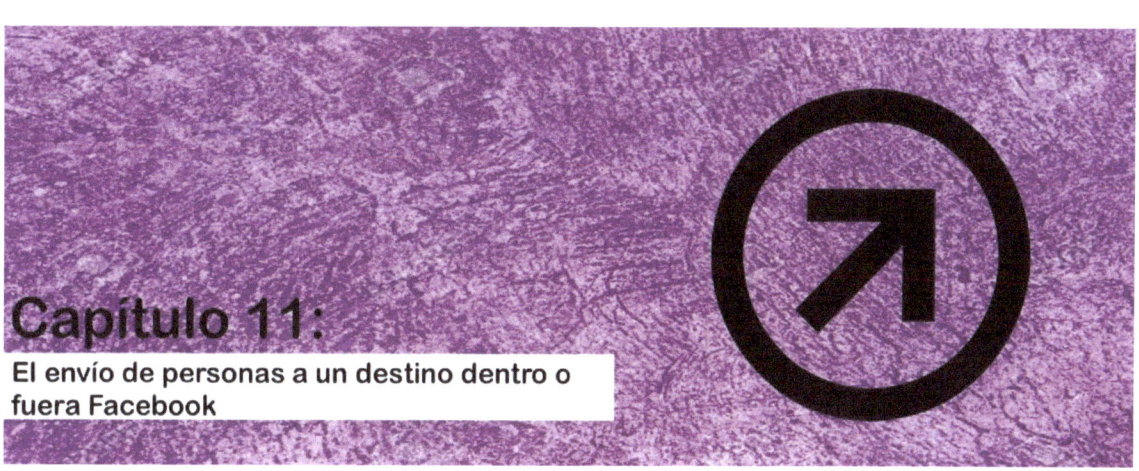

Capítulo 11:

El envío de personas a un destino dentro o fuera Facebook

En primer lugar, vaya a www.facebook.com/ads/manager/creation

En la lista de su cuenta, en "elige tu objetivo", en Consideración, haga clic en "Tráfico". Con el objetivo de clics en el enlace, se le envía a la gente a un destino dentro o fuera de Facebook. De a su campaña un nombre y haga clic en "continuar".

En el conjunto de anuncios, usted tiene que definir su oferta, público, ubicaciones, presupuesto y calendario.

A continuación, definir quién quiere ver sus anuncios.

En lugares, selecciona dónde se muestra su anuncio, y haga clic en "todas las personas en este lugar". En plataformas, seleccione Instagram. En Opciones avanzadas, especifique Dispositivos móviles y sistemas operativos.

En presupuesto y el calendario, tendrá que definir la cantidad que desea gastar y cuándo desea que aparezca su anuncio.

En el presupuesto, seleccionar si desea utilizar un presupuesto diario o un presupuesto ilimitado y la cantidad. En programación, seleccione si desea publicar su anuncio en circulación continuada o establecer una fecha de inicio y finalización.

Haga clic en "mostrar opciones avanzadas" y personalizar la optimización para la entrega de anuncios. Elija entre los clics en el enlace, impresiones o alcance único diario. También, editar el importe de la puja, automático o manual, cuándo se te factura, por impresión o por Clic en el enlace, la programación de anuncios y el tipo de entrega.

A su derecha, puede ver la definición y el alcance de la audiencia diaria estimada. Una vez que haya terminado, haga clic en "continuar".

Para formato, tiene cinco opciones: Anuncio por secuencia, una sola imagen, un solo vídeo, presentación de diapositivas, y canvas. Lea la descripción de cada uno y elija la opción que más prefiera.

Vamos a elegir "una sola imagen", Con esta opción, puede crear hasta seis anuncios con una imagen cada uno sin cargo adicional.

Se puede conectar con la página de Facebook y añadir la URL de su sitio web.

Añade el título, texto, y un llamado a la acción. El llamado a la acción aumentará su alcance, así que no se olvide.

A su derecha, verá la vista previa de anuncios.

Por último, haga clic en "Realizar pedido".

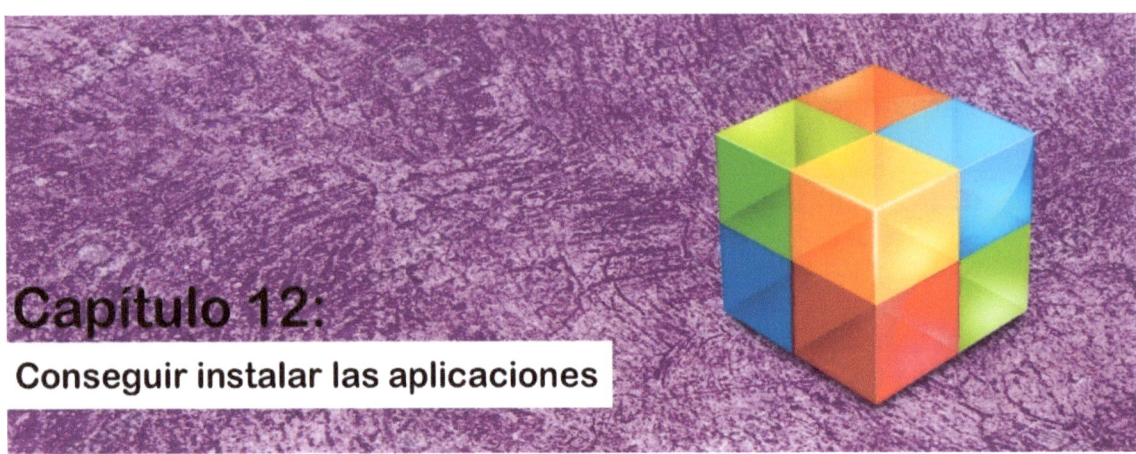

Capítulo 12:
Conseguir instalar las aplicaciones

En primer lugar, vaya a www.facebook.com/ads/manager/creation

En la lista Consideración, haga clic en "Intalación de la aplicación". Con este objetivo, se le envía a la gente a la tienda donde se pueden adquirir su aplicación con su cuenta de Instagram.

En primer lugar, de a su campaña un nombre y haga clic en "continuar".

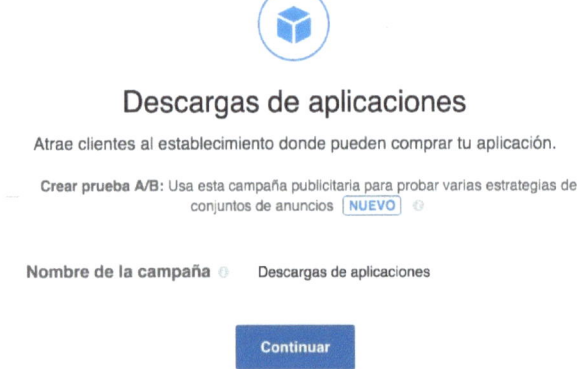

En el conjunto de anuncios, se tiene que definir aplicación, su público, ubicaciones, presupuesto y calendario.

Introduzca la URL de la aplicación para la que desea obtener más instalaciones. A continuación, seleccione un catálogo y sistema de producto a partir de la cual se llene la creatividad del anuncio. Los anuncios de Facebook mostrarán automáticamente el mejor elemento para quien está viendo su anuncio.

A continuación, seleccione su público al que desea orientar para que vean sus anuncios. Utilice un público creado con anterioridad, o si no tiene uno, cree un nuevo público.

En Lugares elija dónde se mostrará su anuncio. A continuación, haga clic en "editar los lugares". En ubicaciones, seleccione Instagram. En Opciones avanzadas, puede especificar dispositivos móviles y sistemas operativos.

En presupuesto y el calendario, usted tiene que definir cuánto desea gastar, y cuándo desea que aparezcan sus anuncios.

En el presupuesto, seleccionar si desea utilizar un presupuesto diario o un presupuesto del conjunto de anuncios y la cantidad. En calendario, seleccione si desea poner su conjunto de anuncio en circulación continuamente a partir de hoy o fijar una fecha de inicio y finalización.

A continuación, haga clic en "mostrar opciones avanzadas" y personalizar la optimización para la entrega de anuncios. Eso puede ser instalaciones de la aplicación, los clics en el enlace, eventos de la aplicación o reproducciones de vídeo. Ahora, editar el importe de la puja; automático o manual, cuándo se te factura, la programación de anuncios y el tipo de entrega.

A la derecha, se puede ver la definición y el alcance de la audiencia diaria estimada. Ona vez que haya terminado, haga clic en "continuar"

Ahora, usted tiene que crear su anuncio. Seleccione los medios de comunicación, texto o enlaces para crear uno o varios anuncios.

Para formato, tiene 4 opciones: Anuncio por secuencia, una sola imagen, un solo vídeo, y la presentación de diapositivas. Lea la descripción de cada uno y elegir la opción que más prefiera.

Vamos a elegir "una sola imagen". A continuación, puede subir su imagen y guardarla.

Añadir su destino, título, texto, enlace, y una llamada a la acción. La llamada a la acción aumentará su alcance, así que no se olvide.

A su derecha, verá la vista previa de anuncios. Por último, haga clic en "Realizar pedido".

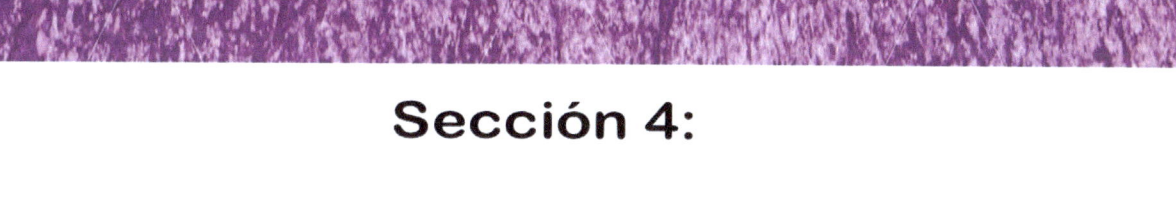

Sección 4:

Consejos adicionales a considerar

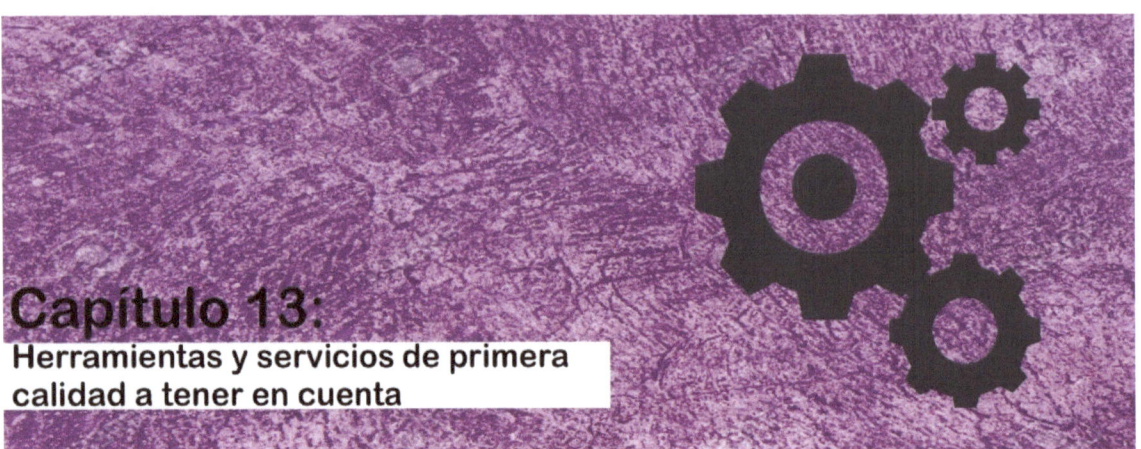

Capítulo 13:
Herramientas y servicios de primera
calidad a tener en cuenta

Instagram realmente allana el camino y ahora es considerado como uno de los mejores sitios para publicar sus anuncios. Es algo más que un pasatiempo, especialmente para las personas con mentalidad empresarial. En todo el mundo, Instagram se ha convertido en una poderosa plataforma de marketing para muchos dueños de negocios.

Con más de medio millón de usuarios activos cada mes, se ha abierto una gran oportunidad para todas las marcas para encontrar nuevos clientes al poder presentar sus productos.

Las tácticas, como la creación, el funcionamiento y la gestión de sus anuncios de Instagram, y conseguir que llegue a las personas de influencia, es buena, pero sin las herramientas adecuadas, es posible que tenga dificultades para la adquisición de los resultados que necesita.

Para obtener resultados favorables para sus anuncios en Instagram, hemos creado un conjunto de herramientas de aplicaciones y sitios de Instagram para ayudar a su negocio a superar a la competencia, y atraer a más clientes a su tienda en línea.

Convertir a Instagram en "poder de compra"

Utilizando las herramientas adecuadas, usted puede transformar su Instagram en una experiencia de compra, permitiendo a sus clientes comprar cualquier cosa que ven y ayudarlesn a tener una mejor idea de cómo se ven productos.

Foursixty

Con Foursixty, cada producto ofrecido tiene enlaces adjuntos. Además, le permite la posibilidad de integrarlo directamente con su tienda en línea. Se le permite integrar con Instagram para un producto específico en sus páginas de productos, dando al cliente una sugerencia para otros artículos relacionados. Marcas como Ban.do, pulseras pura vida, Billabong, etc., utilizan Foursixty para mostrar sus productos.

Like2Have.it

Esta es una gran herramienta cuando se desea crear un canal de integrable de Instagram que está equipado con los enlaces, así como atraer a los clientes directamente a la página del producto. También puede crear una retroalimentación integrada que ofrece las fotos de sus compradores actuales que de usan su producto. Underables, una tienda de ropa, es sólo una de las tiendas en línea que se utilizan Like2Have.it.

Para medir el rendimiento

Sumergiéndose en las profundidades de análisis es muy importante cuando se trata de obtener el máximo provecho de su estrategia de marketing. Su rendimiento debe ser analizado y refinado a cada paso del camino. Se puede utilizar la siguiente plataforma para gestionar sus anuncios de marketing.

[Sprout Social](#)

Sprout Social es una plataforma con gran programación de contenido, así como herramientas de publicación. Le da acceso a informes detallados sobre los últimos mensajes. Al usarlo, puede realizar un seguimiento de la participación y monitorear los comentarios y hashtags.

Websta

Websta puede permitirle administrar su cuenta de Instagram y hacerle fácil de entender los análisis sobre su crecimiento y compromiso. También agrega cada hashtag de Instagram. Le ayudará a rastrear los mejores hashtags. Además, puede obtener recomendaciones para hashtags relacionados, que ya utiliza, de modo que pueda expandirse y encontrar una nueva audiencia.

Para programar su publicación

Para dar a sus seguidores una razón para quedarse y crecer su audiencia, es posible que tenga que actualizar su Instagram con nuevos contenidos de manera regular. Aquí hay plataformas que pueden darle los recursos que necesita.

Schedugram

Schedugram es una plataforma para la programación de las variaciones de diferentes características, tales como la programación basada en un navegador web para ayudarle a ejecutar una campaña más efectiva. También cuenta con amplias funciones de edición de fotos. Schedugram también le permitirá una carga masiva y le permite programar un lote de fotos.

Hootsuite

Hootsuite es una plataforma de medios sociales que tiene la capacidad de programar, así como publicar los mensajes de Instagram. También le permite programar sus propios mensajes de Instagram por adelantado, y le envía una notificación de inserción si se deben ir a una acción en vivo. Una vez notificado, puede ir directamente a la aplicación, para que pueda publicar la entrada.

Later

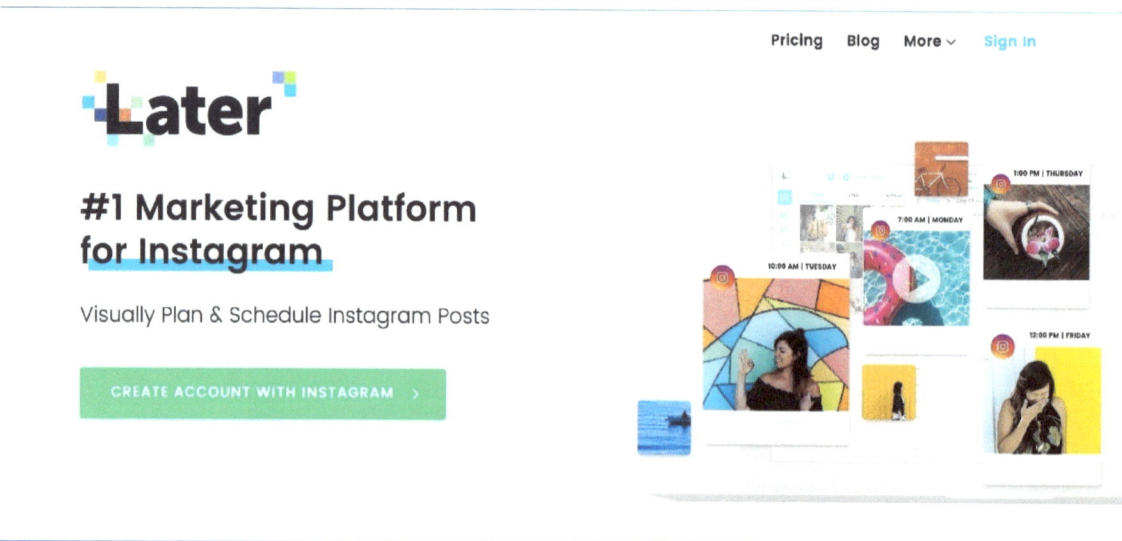

Later es una tableta intuitiva, móvil y basada en navegador plataforma de programación en Instagram. Le dará la posibilidad de explorar los hashtags y compartir el contenido generado por el usuario. Además, puede organizar sus publicaciones con un calendario de contenido, y obtener una vista previa de su propio trabajo de Instagram antes de publicarlo. Las mejores marcas tales como Lonely Planet, Yelp, Steve Madden, etc., están utilizando más tarde en su plataforma.

Tomar excelentes fotos

Si desea tener una buena presencia en Instagram, a continuación, llene su publicación con impresionantes efectos visuales para comunicar con claridad la identidad de su marca. Incluso si usted no es un fotógrafo profesional, usted todavía puede hacer un gran contenido utilizando excelentes aplicaciones.

VCSO

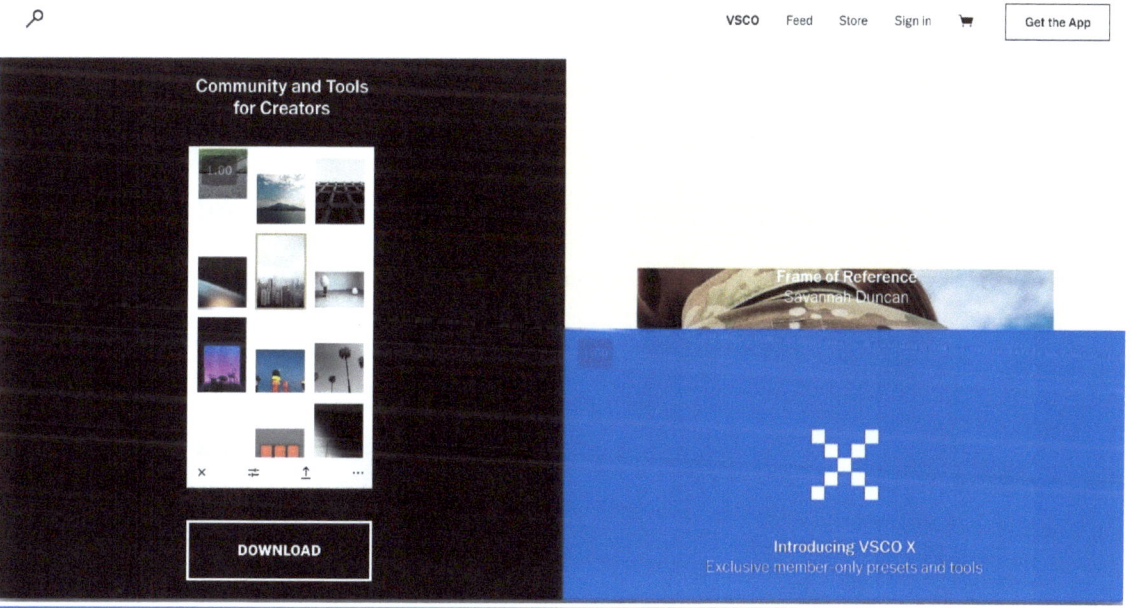

VCSO emerge como uno de los campeones reinantes cuando se trata de crear impresionantes imágenes en movimiento. Parte de la red de medios sociales y la plataforma de edición de fotos parte, VCSO es el corazón de toda estrategia de Instagram.

Afterlight

Afterlight es una gran aplicación para la edición de fotos, que cuenta con un conjunto predeterminado de 128 fotogramas, 78 texturas y 74 filtros. Se le ofrecerá un montón de opciones para jugar con sus fotos. También incluye 15 herramientas para ayudar a ajustar y editar sus fotos, para que pueda obtener una buena vista de lo que estás buscando.

Snapseed

Snapseed le ofrece una opción para ajustar a la perfección sus fotos. Mientras Instagram tiene un filtro predeterminado que le permite editar las imágenes, esta aplicación le permite aplicar sus propios efectos con un pincel, para que pueda crear detalles perfectos en sus imágenes.

Ahora que conoces las herramientas y servicios adecuados para facilitar el procesamiento, la ejecución y la gestión de anuncios de Instagram más fácil, es el momento de salir de la caja y prepararse para mostrar al mundo el valor de sus ofertas.

Capítulo 14:

Casos de estudio impactantes

No hay duda de que Instagram es cada vez más popular en el mundo de los medios sociales.

Es muy beneficioso para promover su marca con facilidad, y compartir sus enlaces de contenido de su sitio web a Instagram, que es una de las mejores maneras de promocionar su marca.

Aquí están los estudios de caso de Instagram que muestran las estrategias más creativas y únicas que proporcionan unos resultados impresionantes.

Cómo Filadelfia se hizo más visible a su industria

Filadelfia es una famosa compañía de queso que tiene una gran marca que utiliza las plataformas sociales. Es la primera empresa que utiliza Instagram para promover sus marcas y alcanzar sus objetivos con éxito.

Filadelfia quería mostrar las fotos creativas de sus amantes de la cocina, por lo que el espectador no sería capaz de resistir lo que ofrecen. Que querían mostrar diferentes tipos de cosas que puede hacer con queso, y cómo pueden ayudar a los organizadores de fiestas.

En su campaña de marketing, se dirigieron a mujeres entre los 25-40 años, que en general son las personas que planean una fiesta. A través de su campaña, mostraron los usos apropiados del queso.

Se registró un aumento de 8 puntos en la asociación del mensaje; su empresa se hizo más visible a su audiencia y sus ventas aumentaron en casi un 41%.

Impresionantes resultados de Levi con una campaña de marketing en Instagram

Levi es uno de los mejores minoristas estadounidenses que se centran en la idea de vivir en un momento, y lo expresan a través de sus fotos. A través de esta campaña publicitaria, querían convertirse en un fabricante de blue jean (bluyín) más ampliamente reconocido en todo el mundo.

Ellos querían mostrar en las fotografías que con el uso de su ropa icónica al aire libre, la gente disfrutaba de hermosos momentos. Esto animaría a la gente a comprar y a usar sus productos, por lo que empujó su campaña usando imágenes.

Su campaña de marketing se centró en grupos de personas en los EE.UU que tenían entre 18 y 34. En su campaña, querían intrig a los usuarios con las fotos impresionantes de sus productos.

La campaña de Instagram de Levi ha alcanzado a casi 7,4 millones de personas en los EE.UU., y vio un aumento de 24 puntos al final del anuncio. Actualmente, es una de las campañas de marketing en Instagram que llega a un número enorme de la generación del milenio.

Cómo Mercedes-Benz rompió el récord de una campaña de marketing en Instagram

Mercedes-Benz es una empresa de automóviles bien reconocida que lanzó su modelo de GLA que se considera el primer SUV compacto. Debido a esto, querían ganar exposición para su nuevo producto e informar a la gente acerca de su lanzamiento.

Querían crear una campaña de marketing atractiva en Instagram llegaría a muchos de fotógrafos haciendo preguntas. Entre las preguntas que hiceron estaba "¿Qué vas a meter en el GLA?" El consumidor podía tomar una foto para mostrar cuán versátil sería el coche para su viaje.

Consiguieron un salto de 14 puntos en sus anuncios y obtuvieron un aumento del 54% en su sitio. También consiguieron respuestas directas de su audiencia.

Como las abejas de Burt se beneficiaron de los anuncios de Instagram

Las abejas de Burt es uno de los grandes productos de bajos precios que se han beneficiado de los anuncios de Instagram. Ellos querían promover su nueva colección de una línea de lápices de colores de labios, ampliar la conciencia y aumentar el anuncio en el mundo de la belleza.

Ellos querían ver la creciente atención de su mercado donde podían mostrar sus productos originales de una manera muy natural.

En su campaña de marketing en Instagram, apuntaron a la multitud de 18-24 años en los EE.UU. para demostrar que su producto podría deleitar sus labios.

Ellos vieron un aumento de 5 puntos en su conciencia del producto y un aumento de 16 puntos en su anuncio.

La única forma de Bloom y Wild al elegir los anuncios perfectos en Instagram

Bloom y Wild utilizaron el Power Editor para crear su campaña de Instagram, y utilizaron su lista de correo electrónico existente y crearon una audiencia similar. También probaron sus campañas normales y compararon la participación de sus fotos. Cualquiera que sea la foto que obtuviera la mayor atención, sería la que usarían en su campaña.

Descubrieron qué vídeos y fotos eran mejores para usar en una campaña publicitaria para conseguir la mayor tasa de conversión. Cuando eligieron el anuncio ganador, se aseguraría de que podrían ampliar su campaña publicitaria y proporcionaron un fuerte llamado a la acción para sus anuncios.

Inmediatamente aumentaron sus pedidos en casi un 62% y muchos clientes reconocieron su tienda del ramo.

Gran campaña de marketing de Frank Bod

Frank Bod es una de las mejores marcas australianas del cuidado de la piel y del cuerpo que usa café para sus productos.

Querían familizar a la gente con sus productos únicos y hacer que su imagen se conviertiera en el centro de Instagram.

Utilizaron su propio Hashtag para promover su marca perfectamente y llamaron la atención de su audiencia.

Tienen ahora 690K de seguidores y sus clientes se dieron cuenta de por qué necesitaban sus productos.

Formas únicas de crear reconocimiento de marca para los productos de Adidas Neo

Adidas ya es conocido por la mayoría de las personas, pero que quería inspirar a más personas mediante el uso de mensajes de Instagram para hacer que su audiencia participara de sus productos.

Ellos quieren dirigirse a las celebridades jóvenes y populares para difundir la noticia de un concurso. Se puso en marcha el concurso para crear rumores en el mercado, y se utilizaron hashtags para los usuarios de celebridades para publicar sus imágenes a través de su #MyNeoShoot.

Adidas genera 71.000 menciones por sus hashtags y alcanza 41k de seguidores.

Explorar la ciudad a través de la "No Tu Ciudad"

La "No Tu Ciudad" ofrece excelentes fotos y videos de diferentes ciudades a través del uso de hashtags.

Presentan y exploran y exploran la belleza natural de diferentes ciudades.

Ellos utilizaron muchas cuentas de Instagram para seguir su Instagram, marcas, joyas, y se usaron Instagram profesionalmente para que los usuarios promovieran su marca o negocio.

Su cuenta se hizo más conectada y comprometida por la gente.

La promoción de fitness con Kayla Itsiness en Instagram

Si quieres estar inspirado para estar en forma, Kayla Itsiness es lo mejor para ayudar a hacer esto. Ella escribe artículos, blogs y libros electrónicos sobre el tema.

Ella cuenta las historias sobre su aplicación de fitness y otros productos, y quiere hacer que la comunidad sea parte de ella.

Ella comercializa su producto mencionandolos una y otra vez, e incluye fotos increíbles para contar las historias a través del uso de su aplicación y otros programas.

Ella tiene 5,6K de seguidores y es una de las figuras más prominentes en Instagram.

Cómo Guerlain comercializó con éxito su marca en Instagram

Guerlain es una de las casas de perfumes más antiguas. Ellos entraron en el mundo de los cosméticos y querían ser reconocidos por los jóvenes.

Establecieron 4 semanas de imágenes de Instagram para su campaña y dirigieron a mujeres en Francia para presentar la conexión de París y Terracota de una manera muy elegante y con clase.

Ellos crearon hermosas fotos que se utilizan para orientar a su audiencia que proporcionó un gran impacto con verdadera precisión.

Su campaña fotográfica alcanzó el éxito abrumador, y ha sido amada por casi 965.000 mujeres que agregaron 23 puntos a su anuncio y 15 puntos a su campaña de marca.

Instagram puede ser sorprendente para las personas que quieren promover sus productos y servicios, e involucrar a sus clientes para ofrecer el mayor rendimiento posible.

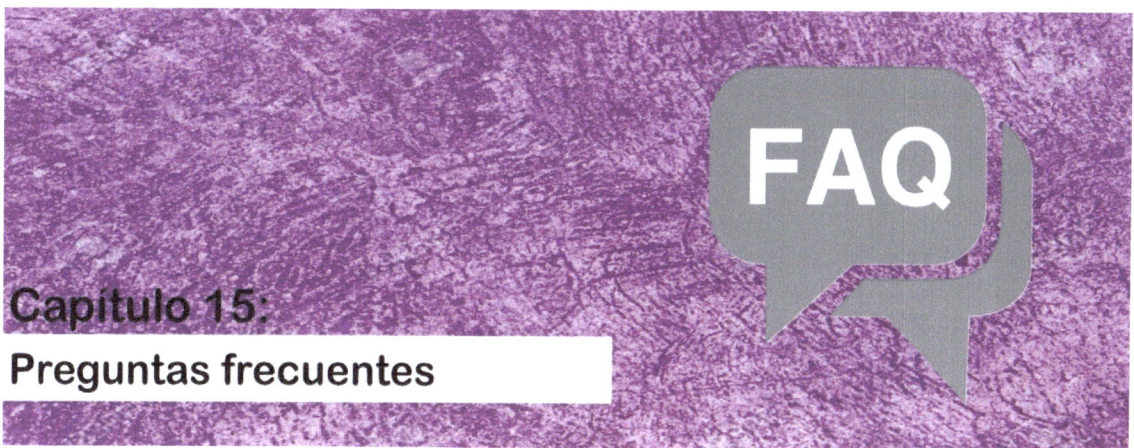

Capítulo 15:

Preguntas frecuentes

Hoy en día, Instagram es una de las mayores plataformas de medios sociales que están utilizando las personas. La plataforma es utilizada tanto por razones personales o de negocios.

Instagram es una red social que permite a sus miembros compartir y tomar fotos, añadir títulos y hashtags, e incluso conectarlo a otros sitios de medios sociales a los que tienen acceso.

Casi todas las plataformas de medios sociales incluyen anuncios, e Instagram no es la excepción. El sitio es también un lugar para anunciar rápidamente los productos y servicios, ya que casi todo el mundo tiene sus propias cuentas de Instagram y se puede acceder a él en sus dispositivos.

Sin embargo, las personas que están interesadas en la publicación de anuncios en Instagram también tienen un montón de preguntas. No es fácil poner sus propias promociones en un sitio en particular.

Si desea que sus preguntas sean contestadas cuando se trata de de anuncios de Instagram, aquí tiene algunas de las preguntas más frecuentes formuladas por los anunciantes en la búsqueda de hacer uso del sitio para el marketing de sus productos y servicios.

¿Por qué elegir a Instagram como una plataforma para hacer marketing?

Instagram es una de las plataformas más eficaces para el marketing. Millones de personas están utilizando el sitio de redes sociales, que ofrece a los anunciantes la oportunidad de atraer a los clientes potenciales.

La elección de Instagram como su escenario para la publicidad es eficaz para los anunciantes para atraer rápidamente a los clientes. Los vendedores están utilizando el sitio debido a su base de usuarios.

Cada año, el número de usuarios en el sitio sigue aumentando lo que significa que la creación de anuncios en Instagram llegará a millones de clientes cada año.

¿Son costosos los anuncios en Instagram?

Cuando en el 2013 fue presentada la posibilidad de hacer anuncios en Instagram, el precio era un poco caro, ya que el objetivo principal sólo eran los mejores clientes.

Sin embargo, a medida que pasaba el tiempo, el precio de un anuncio de Instagram equivalía a usar una campaña publicitaria de Facebook, por lo tanto no importa si son clientes grandes o pequeños, estos pueden publicar fácilmente sus productos, marcas, negocios y servicios.

¿Cómo puedo hacer mis propios anuncios de Instagram?

Cuando se trata de crear sus propios anuncios de Instagram, puede hacerlo utilizando el Power Editor de Facebook. Esta característica será su guía para crear sus anuncios de Instagram sin ningún problema.

Antes de empezar a publicar anuncios, usted debe primero configurar el Administrador de anuncios de Facebook. Si su empresa ya tiene una página en Facebook, puede vincularla con el Administrador de Facebook Business que ha creado.

Luego conecte su cuenta de anuncios de Facebook con ell Administrador de Facebook Business. Una vez que tenga todo configurado, puede añadir su cuenta de Instagram.

El administrador de anuncios le permitirá acceder al Power y crear sus propios anuncios en Instagram.

¿Qué anuncios se muestran en mi Instagram?

Los anuncios de Instagram no sólo aparecen en su «feed» de noticias. Los anuncios de Instagram que se muestran en su mayoría en su «feed» de noticias son los relacionados con sus intereses.

La base por lo que el anuncio se muestra a usted por Instagram depende de las actividades que ha estado haciendo en el sitio y otros sitios.

Algunos de los anuncios que puede ver en Instagram podría ser de un producto que usted ha estado siguiendo, o podría depender de los elementos que "gustan". Si usted está siguiendo una empresa relacionada con teléfonos móviles, es posible que vea anuncios sobre ellos.

¿Cómo evitar los anuncios que no me gustaría ver?

Los casos vienen cuando un anuncio no cumple con sus expectativas, o que simplemente no le gusta. Si usted ha visto un anuncio de Instagram que no desea volver a ver, lo mejor que puede hacer es esconderlo.

¿Cómo? Simplemente toque el banner patrocinado que se puede ver en la esquina superior derecha del anuncio.

Después de la selección puede elegir "Ocultar esto". Al hacerlo, podrá evitar ver los anuncios de Instagram que no desea ver.

¿Están limitados los anuncios de Instagram sólo a los grandes clientes?

No. Los anuncios de Instagram no sólo se hacen para los grandes clientes. Está abierto a todos los clientes.

Todo el mundo puede hacer sus propios anuncios en Instagram utilizando el creador de anuncios o el power editor.

Si tiene una página de Facebook, usted puede crear su propio anuncio, ya que es la plataforma que va a utilizar para publicar sus anuncios de Instagram.

¿Es beneficioso tener una cuenta de Instagram si decido hacer anuncios de Instagram?

Tener una cuenta de Instagram no es un requisito previo para los anuncios de Instagram. Sin embargo, hay casos en que tener una puede ser beneficioso.

Si tiene una cuenta de Instagram, puede conectarla con su el Administrador de Facebook Business.

De esta manera podrá responder a los comentarios que dejan con respecto a sus anuncios. Sin embargo, si usted no tiene una, no puede responder a los comentarios.

Además, la foto y el nombre de su página en Facebook será el que aparezca cuando tenga sus propios anuncios de Instagram.

¿Pueden los anunciantes obtener y utilizar mis vídeos o fotos para sus anuncios?

En Instagram, sus fotos o videos sólo será suyos.

Nadie puede hacer uso de ellas, sobre todo para los

anuncios de Instagram.

Los

anunciantes no pueden utilizar fotos o videos de otro usuario para sus anuncios de Instagram.

¿Dónde puedo encontrar las reglas que deben seguirse para los anuncios de Instagram?

En cuanto a las reglas relacionadas a los anuncios de Instagram, las puede encontrar en Facebook, ya que es la compañía hermana de Instagram.

Todo la información para los anuncios de Instagram, Facebook e Instagram, se pueden encontrar en Facebook.

Cada vez que un anunciante desea publicar un anuncio en Instagram, debe comprobar si el anuncio está dentro de las reglas.

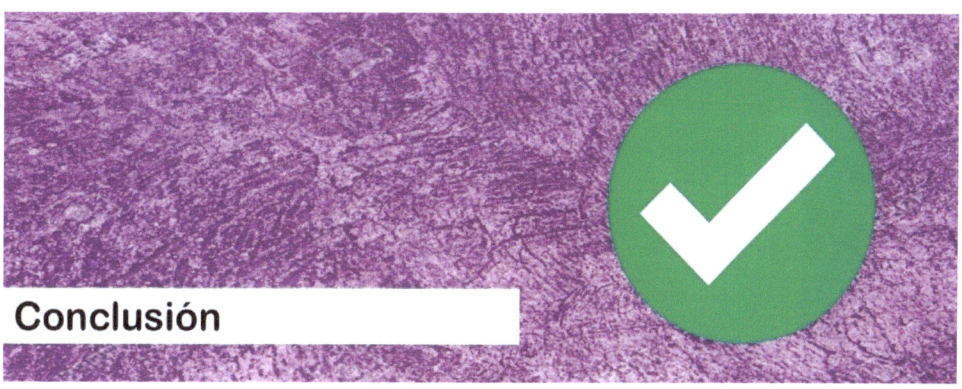

Conclusión

Estamos encantados de que haya elegido aprovechar nuestra guía de formación, y le deseamos muchos éxitos.

Y con el fin de tomar

su publicidad de Instagram y llegar más lejos, le invitamos a obtener el máximo provecho de ella

Muchas gracias por el tiempo que ha dedicado a aprender cómo obtener las máximas ventajas de la publicidad de Instagram.

La publicidad de Instagram ha llegado para quedarse.

Por su éxito,

Justo Serrano y César Miró

Recursos Principales

**Descubre Las Ultimas Técnicas De Publicidad
En Instagram Para Impulsar Las Ventas**

Vídeos

- https://www.youtube.com/watch?v=Ec2rPFrdAmY
- https://www.youtube.com/watch?v=2Z0iJOoXM

Herramientas y servicios

- http://sproutsocial.com/integrations/instagram
- https://www.smartly.io/?gclid=Cj0KEQiAnvfDBRCXra bLI6-6t-0BEiQAW4SRUAT68kmXAeiv755oJipXrJplurwfe4W4 wQDyBtcHew4aAsN98P8HAQ

Cursos de formación

- http://www.socialedge.co/wp-content/uploads/2015/10/Instagram-Ads-Training.pdf
- https://www.facebook.com/blueprint/courses/instagram

Blogs

- https://business.instagram.com/advertising
- http://www.theatlantic.com/technology/archive/2016/09/the-uncanny-valley-of-instagram-ads/501077/

Foros

- https://www.americanexpress.com/us/small-business/openforum/articles/boost-business-upcoming-instagram-ads /
- https://forums.digitalpoint.com/threads/instagram-ads-are-awesome-or-are-they-are-you-annoyed-by-ads-   on-sociales-media.2764087 /

Programas afiliados

- http://healthywealthyaffiliate.com/instagram-for-affiliate-marketing/
- http://instarevealed.com/affiliate-program/

Webinars

- https://www.facebook.com/business/a/advertising-on-instagram-webinar
- https://www.youtube.com/watch?v=PkjFm0j_iEQ

Infografía

- http://www.mdgadvertising.com/blog/wp-content/uploads/2015/06/the-science-of-brands-on-instagram.png
- http://imgur.com/KG09pYA

Casos de Estudio

- https://blog.hubspot.com/marketing/instagram-ads-we-love#sm.00016jgnl7b0gf2dv7u20tmj674ze
- https://business.instagram.com/

Hechos

- https://blog.hootsuite.com/instagram-statistics/
- http://www.360degreemarketing.com.au/blog/did-you-know-facts-figures-on-instagram-advertising

Trucos

Descubre Las Ultimas Técnicas De Publicidad En Instagram Para Impulsar Las Ventas

Beneficios de Instagram parea empresas

- Aumentar la participación del cliente

- Construir la identidad y la confianza

- Aumentar el tráfico

- Obtener una ventaja competitiva

- Lleue más rápido a su mercado objetivo

- Publicidad gratuita

- Instagram Formatos de anuncios

- Inventivas de anuncio con fotos

- Alta calidad de vídeo Anuncios

- Anuncios eficientes carrusel

Lo que debe hacer primero antes de crear anuncios de Instagram

- Sitio web

- Imágenes

- Vídeos

- Cuenta de anuncios de Facebook

- Cuenta de Instagram

- Aplicaciones móviles

- Las páginas de Facebook

- El catálogo de productos de Facebook

Anuncios de Instagram beneficios para las empresas

- Proporcionará diversos formatos de anuncios

- Alta cantidad de audiencia

- Anuncios de la competencia de orientación

- Menos competencia

Objetivos de la publicidad de Instagram

- Aumente sus mensajes

- El aumento del Reconocimiento de marca

- El aumento de su alcance

- El envío de personas a un destino dentro o fuera de Facebook

- Conseguir instalaciones de su aplicación

- Obtener reproducciones de vídeo

- El aumento de las conversiones en su sitio web

- La promoción de un catálogo de productos

Sugerencias para crear imágenes para los anuncios de Instagram

- **No comprometa la calidad**

- **Utilizar imágenes de gran alcance para transmitir el mensaje de su anuncio**

- **Incluya a sus clientes deseados**

- **Proporcionar anuncios que transmiten emociones fuertes**

- **Hacer que sus imágenes SEO optimizado**

Sugerencias para crear vídeos para los anuncios de Instagram Anuncios

- **Elija la mejor relación de aspecto (1: 1).**

- **Debe pensar en los resultados cuando se elige videoclips**

- **Utilice texto grande y legible**

Herramientas y servicios de primera calidad a tener en cuenta

- **Foursixty**

- **Like2Have.it**

- **Sprout Social**

- **Websta**

- **Schedugram**

- **Hootsuite**

- **Luego**

- **VCSO**

- **Afterlight**

- **Snapseed**

Casos de estudios impactantes

- **Cómo Filadelfia se hizo más visible a su industria**

- **Impresionantes resultados de Levi con una campaña de marketing en Instagram**

- **Cómo Mercedes-Benz rompió el récord de una campaña de marketing en Instagram**

- **Como las abejas de Burt se beneficiaron de los anuncios de Instagram**

- **La única forma de Bloom y Wild al elegir los anuncios perfectos en Instagram**

- **Gran campaña de marketing de Frank Bod**

- **Las formas únicas de crear reconocimiento de marca para los productos de Adidas Neo**

- **Explorar la ciudad a través de la "No Tu Ciudad"**

- **La promoción de fitness con Kayla Itsiness en Instagram**

- **Cómo Guerlain comercializó con éxito su marca en Instagram**

Preguntas frecuentes

¿Por qué elegir a Instagram como una plataforma para hacer marketing?

- Son costosos los anuncios en Instagram?

- ¿Cómo puedo crear mis propios anuncios de Instagram?

- ¿Qué anuncios se muestran en mi Instagram?

- ¿Cómo evitar los anuncios que no me gustaría ver?

- ¿Están limitados los anuncios de Instagram sólo a los grandes clientes?

¿Es beneficioso tener una cuenta de Instagram si decido hacer anuncios de Instagram?

- ¿Pueden obtener y utilizar mis vídeos o fotos para sus anuncios?

- ¿Dónde puedo encontrar las reglas que deben seguirse para los anuncios de Instagram?